GESTÃO DE SUPRIMENTOS E LOGÍSTICA

FERNANDO GORNI NETO

GESTÃO DE SUPRIMENTOS E LOGÍSTICA

Freitas Bastos Editora

Copyright © 2022 by Fernando Gorni Neto
Todos os direitos reservados e protegidos pela Lei 9.610, de 19.2.1998.
É proibida a reprodução total ou parcial, por quaisquer meios,
bem como a produção de apostilas, sem autorização prévia,
por escrito, da Editora.

Direitos exclusivos da edição e distribuição em língua portuguesa:

Maria Augusta Delgado Livraria, Distribuidora e Editora

Editor: *Isaac D. Abulafia*
Diagramação e Capa: *Julianne P. Costa*

Dados Internacionais de Catalogação na Publicação (CIP) de acordo com ISBD

G671g	Gorni Neto, Fernando
	Gestão de Suprimentos e Logística / Fernando Gorni Neto. - Rio de Janeiro, RJ : Freitas Bastos Editora, 2022.
	188 p. ; 15,5cm x 23cm.
	Inclui bibliografia.
	ISBN: 978-65-5675-113-9
	1. Administração. 2. Gestão de Suprimentos. 3. Logística. I. Título.
2022-1753	CDD 658.401
	CDU 658.011.2

Elaborado por Vagner Rodolfo da Silva – CRB-8/9410

Índices para catálogo sistemático:
1. Administração : Gestão 658.401
2. Administração : Gestão 658.011.2

Freitas Bastos Editora
atendimento@freitasbastos.com
www.freitasbastos.com

SUMÁRIO

INTRODUÇÃO 1

1. RESULTADO DE IMAGEM PARA GESTÃO DE
SUPRIMENTOS E LOGÍSTICA...9
2. OS INDICADORES DE DESEMPENHO EM LOGÍSTICA.................10
3. OS PRINCIPAIS INDICADORES DE DESEMPENHO
LOGÍSTICO..11
4. O WMS – WAREHOUSE MANAGEMENT SYSTEM NA
LOGÍSTICA?...14
   4.1. Quais as principais funções do WMS?.......................................15
   4.2. Como o WMS atua nos processos logísticos?...........................16
   4.3. Quais as vantagens de um software WMS?...............................17
5. TIPOS DE RASTREADORES...25
   5.1. Quais as vantagens e as desvantagens de cada tipo de
rastreador? 27
   5.2. Qual tecnologia escolher?...28
6. FUNÇÕES E DIMENSIONAMENTO DOS ESTOQUES..................32
7. FUNÇÕES DOS ESTOQUES – ANÁLISE DOS
CUSTOS ENVOLVIDOS...33
   7.1. Estoque como solucionador de conflitos..................................33
   7.2. Inevitabilidade dos estoques e seu impacto na saúde financeira
das empresas 35
   7.3. Estoque dentro das empresas e entre os elos da cadeia de
suprimentos 38
   7.4. Custo de manter estoques e custo de repor estoques....................41
8. DIMENSIONAMENTO DOS ESTOQUES.......................................44
9. LOTE ECONÔMICO DE COMPRAS...46
   9.1. Caso de reabastecimento gradual 50
   9.2. Caso em que ocorre falta de estoque...52
   9.3. Caso em que os clientes não podem esperar..............................53
   9.4. Críticas ao uso dos modelos de lote econômico.........................55

9.5. Momento de colocação dos pedidos 56
9.6. Estoque de segurança 57
9.7. Prioridades de estoque 59
9.8. Natureza da demanda..66
10. PLANEJAMENTO DAS NECESSIDADES DE MATERIAIS
E RECURSOS (MRP)...68
10.1. Programa mestre de produção..69
10.2. Especificação do produto..73
10.3. Controle de estoques..74
10.4. Resultados do MRP 75
11. MRP II..88
12. PLANEJAMENTO E CONTROLE JUST IN TIME 89
12.1. Just in time como filosofia...92
12.2. Just in time como conjunto de técnicas de gestão........................93
12.3. Just in time como método de planejamento e controle
da produção 93
12.4. Comparação MRP com JIT..96
13. COMPRAS: GESTÃO ESTRATÉGICA E OPERACIONAL............97
14. NEGOCIAÇÕES ENTRE AS PARTES..99
14.1. Poder de barganha..99
14.2. Relação ganha-ganha e ganha-perde 101
14.3. Parcerias de longo prazo...103
15. GESTÃO ESTRATÉGICA DE COMPRAS....................................105
15.1. Fornecimento global como vantagem competitiva.....................106
15.2. Visão operacional de compras – Centralização versus
descentralização 107
15.3. Gestão eletrônica de suprimentos 109
15.4. Gestão de fornecedores e seus indicadores 110
16. DECISÕES LOGÍSTICAS...112
16.1. Outsourcing — terceirização ou parcerias 113
17. A LOGÍSTICA E OS CANAIS DE DISTRIBUIÇÃO DA
INDÚSTRIA 115
18. A RELEVÂNCIA DA LOGÍSTICA PARA O COMÉRCIO
VAREJISTA...117
19. IMPORTÂNCIA DA LOGÍSTICA EM SERVIÇOS..................119
20. SEGMENTAÇÃO DE MERCADO E SERVIÇOS
LOGÍSTICOS...121
20.1. Conceitos de marketing...121
20.2. Marketing orientado ao cliente..124
20.3. Serviços na cadeia de suprimentos...125
21. INDICADORES ESTRATÉGICOS...128
21.1. Análise de custo versus nível de serviço 128

21.2. Serviço ao cliente 128
21.3. Satisfação do consumidor 132
21.4. Sucesso do cliente 135

22. SISTEMAS DE INFORMAÇÕES LOGÍSTICAS 137

22.1. O papel da informação na logística 137
22.2. Sistemas de informações – tipos 140
22.3. Sistema transacional (ST) 141
22.4. Controle gerencial 142
22.5. Apoio à decisão 143
22.6. Planejamento estratégico 144
22.7. Sistemas de gestão empresarial (ERP) 144
22.8. Softwares de apoio à decisão 147
22.9. Soluções de integração da cadeia de suprimentos 147
22.10. Geographic Information Systems (GIS) – definições e
aplicações na logística 149

23. MARKETING 151

23.1. Geografia de mercado e pontos comerciais 151
23.2. Localização de fábricas e CDs/roteamento 151
23.3. Spatial Decision Support Systems (SDSS) e sistemas
logísticos 152
23.4. Implementação do ambiente GIS 152
23.5. Estrutura atual de dados 153
23.6. Data warehouse e data mining 154
23.7. Utilização das ferramentas 156
23.8. Aplicação do data warehouse e data mining 157
23.9. Data mining no setor varejista 160
23.10. Previsão de vendas 161
23.11. Otimização de estratégias de marketing 164
23.12. Código de barras e RFID 166
23.13. E-procurement 172

REFERÊNCIAS 175

LISTA DE TABELAS

Tabela 1 – Cálculos expostos para os planos 47
Tabela 2 – Probabilidades de demanda 54
Tabela 3 – Decisão de compra 54
Tabela 4 – Probabilidade de lucros 54
Tabela 5 – Preço de aquisição 60

Tabela 6 – Valor Total anual...61
Tabela 7 – Valor acumulado...62
Tabela 8 – Determinação das classes...64
Tabela 9 – Programa mestre de produção.....................................72
Tabela 10 – Programa mestre de produção para próximas
nove semanas..72
Tabela 11 – Situação nas próximas nove semanas....................72
Tabela 12 – Cálculos do MRP..76
Tabela 13 – Raciocínio para as semanas subsequentes..........77
Tabela 14 – Cálculos para esses componentes............................78
Tabela 15 – Produção de canetas...79
Tabela 16 – MRP Rodado..80
Tabela 17 – Principais fornecedores no Brasil de ERP............146

LISTA DE FIGURAS

Figura 1 – Produção com aumento de estocagem.....................34
Figura 2 – Sistema de estoque multiescalonado........................38
Figura 3 – Gráfico dente de serra...44
Figura 4 – Lote econômico de compra..48
Figura 5 – Gráfico dente de serra em reabastecimento
gradual..51
Figura 6 – Gráfico dente de serra em que ocorre falta de
estoque...52
Figura 7 – Gráfico Lead-time..57
Figura 8 – Gráfico Estoque de segurança.....................................58
Figura 9 – Gráfico Curva ABC..66
Figura 10 – Just in Time (JIT)...91
Figura 11 – Processo de planejamento empurrado....................94
Figura 12 – Processo de planejamento puxado...........................94
Figura 13 – Cadeia de suprimentos imediata da empresa.....116
Figura 14 – Principais fornecedores globais de ERP................145
Figura 15 – Processo integrado da cadeia de suprimentos.....154
Figura 16 – Armazenamento e pesquisa de dados....................158
Figura 17 – Relações entre o data warehouse e o data
mining...160
Figura 18 – Elaboração da árvore de decisão.............................162
Figura 19 – Código de barras..167
Figura 20 – Tradutor binário que interpreta as informações.....168

Figura 21 – QR code...169
Figura 22 – Etiquetas inteligentes..171
Figura 23 – Etiqueta para roupas, com controle
de radiofrequência...171

INTRODUÇÃO

Primeiramente vamos definir o que seja Gestão.
Conforme o site Tripla,

> Para entender o que é gestão, vamos começar compreendendo o significado de seu termo. Gestão vem do termo em latim *gestione*, e configura o ato de administrar ou de gerir recursos, pessoas ou qualquer objeto que possa ser administrado com alguma finalidade: seja em benefício próprio ou de uma entidade. O termo é amplamente utilizado no campo empresarial, e nesse sentido, a gestão define o ato de administrar recursos de modo eficaz para que determinadas metas possam ser alcançadas. As principais áreas da gestão: A gestão engloba várias áreas e pode ser distribuída em setores específicos. Mas para os fins deste conteúdo, vamos dar mais atenção à gestão empresarial. De acordo com o engenheiro de minas, do século XX, Jules Henri Fayol, a gestão de uma empresa pode ser dividida em seis setores:
>
> - Gestão Administrativa: Responsável por coordenar a administração da empresa como um todo, inclusive, encabeçando todas as outras áreas de gestão da companhia;
> - Gestão Financeira: Responsável pela administração exclusiva dos recursos financeiros da empresa, e sua diluição em gastos de investimentos, aquisição de materiais etc.;
> - Gestão de Contabilidade: A gestão que se desenvolve no âmbito contábil de uma empresa e que trata dos tributos, folhas de pagamentos... Enfim, de todas as competências que cabem ao setor contábil;
> - Gestão de produção: São os procedimentos administrativos para coordenar e sistematizar a produção da empresa e seu desempenho ao maior nível de eficiência possível;
> - Gestão de segurança: É o setor que cuida das ações e políticas para garantir a segurança do trabalho, produção e pessoal dentro e fora da empresa (envolve também atividades externas, ida/vinda à empresa, viagens, transporte de produtos/pessoal);

- Gestão comercial: É a gestão voltada ao proceder de vendas no varejo, atacado, relacionamento com cliente para a empresa. Essas seis áreas tornaram as ideias de Henri Fayol conhecidas como a Teoria Geral da Administração.

Feitas as definições, vamos entender primeiramente a parte de gestão. A gestão, conforme dito acima, é a **administração**, onde existe uma instituição, uma empresa, uma entidade social de pessoas, a ser gerida ou administrada, que é o ato de trabalhar com e através de pessoas para realizar os objetivos tanto da empresa quanto de seus colaboradores.

Já o suprimento significa a ação ou efeito de suprir, e podemos entender isso como o efeito de colocar algo que esteja faltando em uma loja, indústria e até mesmo serviços. Isto porque pode ser entendido como alguma coisa que é recolocada, posta em reposição a algo depois de consumido.

O objetivo do setor de suprimentos é garantir que as compras atendam aos critérios de quantidade e qualidade para cada setor — além de manter o custo dentro do orçamento disponível.

Uma gestão da cadeia de suprimentos com eficácia reduz custos em diferentes setores, como, por exemplo, o estoque, compras, distribuição e entregas, entre outros. Com a integração de todas as partes que constituem essa corrente fluxo, a economia poderá ser ainda maior.

Já o termo logística consiste no processo de planejar, executar e controlar a transferência dos produtos, tanto dentro quanto fora da empresa, garantindo-se, assim, a entrega do produto adquirido dentro do prazo comunicado e independentemente do tamanho do negócio, essa gestão merece atenção. Atualmente, a logística também é uma especialidade da administração, estando presente em nosso cotidiano de diversas maneiras, mesmo que não possamos enxergá-la de maneira direta. Uma simples compra de mercadoria em uma loja *online*, por exemplo, movimenta uma cadeia de operações logísticas de distribuição que faz o produto chegar ao seu comprador do modo protegido, veloz e eficiente.

A logística e a gestão de cadeia de suprimentos têm como meta administrar todas as funções referentes à logística interna e externa de uma empresa, além de proporcionar o controle e colaboração entre todos os integrantes dessas atividades, que são os fornecedores, prestadores de serviço e clientes.

Já a logística, podemos indicar de maneira mais objetiva que a logística encontra sua origem em tempos remotos, época em que nem sequer havia um saber sistemático sobre sua atividade, embora já houvesse o princípio de um exercício e desenvolvimento prático dessa atividade essencialmente organizacional. Nas palavras de David (2018, p. 28):

Os primeiros comerciantes internacionais estavam envolvidos com logística; eles calculavam quanto seus barcos ou animais de carga podiam carregar, quanto alimento deveriam levar e qual a melhor forma de embalar as mercadorias em trânsito, decisões que emparelham exatamente com o que um gerente de logística moderna faz quando considera quantas unidades colocar em um contêiner, como equilibrar a carga uniformemente e como proteger as mercadorias para a viagem internacional.

Não é por acaso que o termo logística deriva da palavra grega *logistike*, que, segundo David (2018), desde a Grécia Antiga, significa a arte de calcular elementos concretos por meio das quatro dimensões da aritmética (adição, subtração, multiplicação e divisão), buscando operacionalizar de modo lógico e simples todos os processos da atividade de comércio.

É por essa razão que David (2018) nos chama atenção para o fato de que no exército francês de Napoleão Bonaparte, em princípios do século XIX, ter sido criado um cargo específico para a execução dessas atividades, o marechal de *logis*, encarregado, por exemplo, da administração, do armazenamento dos suprimentos, da aquisição e distribuição das munições, fardas e armas, bem como da organização dos alojamentos dos soldados.

Destaca-se que foram alguns dos mais importantes teóricos da guerra que viveram nesse período que indicaram a necessidade de desenvolvimento de uma ciência sistemática dirigida a esses objetivos.

Antoine-Henri Jomini, outro importante estudioso da guerra que viveu no século XIX, teórico francês, é creditado o uso – até então inédito – da palavra logística no meio militar, conforme o site Blog Logística,

> Jomini escreveu um livro intitulado "Sumário da Arte da Guerra" em 1836, no qual definiu a arte da guerra dividida em cinco atividades: estratégia, grande tática, logística, engenharia e tática menor. Além disso, definiu logística como "a ação que conduz à preparação e sustentação das campanhas", e a classificou como "a ciência dos detalhes dentro dos Estados-Maiores".

Dessa forma, ficou estabelecida uma necessidade de os exércitos nacionais prepararem e sustentarem suas campanhas militares por meio de uma ciência detalhada de todas as atividades concernentes ao enfrentamento bélico. Sobre essa vinculação histórica da atividade logística com o âmbito militar, Nogueira (2018, p. 8) diz que:

> A logística sempre foi um termo muito utilizado pelos militares, pois nas operações de guerra havia a necessidade de que cada equipe esti-

vesse preparada para executar suas atividades no momento certo. Ao avançar suas tropas, por exemplo, um oficial precisa ter uma equipe que providencie o deslocamento na hora certa de munição, víveres, equipamentos e socorro médico para o campo de batalha.

"Por se tratar de um serviço de apoio, sem o glamour da estratégia bélica e sem o prestígio das batalhas ganhas, os grupos logísticos militares trabalhavam em silêncio, na retaguarda" (NOVAES, 2015, p. 52).

Isto carregou consigo essa noção de que a atividade logística é um conjunto de ações coordenadas que se faz na retaguarda, sem grande visibilidade nos processos administrativos operacionais. Contudo, isso não significa que ela seja menos importante, é exatamente ao contrário.

Desde que a logística passou a ser amplamente empregada na rotina administrativa das empresas, assim como nos procedimentos comerciais, sua importância surgiu como uma questão fundamental para o sucesso das operações. Sua utilização garante redução de custos, aumento da qualidade, cumprimento de prazos, adequações e inovações gerenciais, para citar somente alguns exemplos.

Nesse cenário de globalização, iniciado a partir dos anos 1970, que a logística se tornou quase que inseparável do termo "internacional". Naquela época, muitas empresas passaram a ser grandes corporações multinacionais ou com negócios e vinculações em várias partes do mundo, seja na relação com seus fornecedores, seja na relação com seus clientes.

Essa condição global se tornou possível pelo avanço da alta tecnologia de transportes e comunicações, que permite, cada vez mais, a rápida compra e aquisição das matérias-primas, bem como o rápido beneficiamento e transformação delas em um produto e a rápida comercialização dessa nova mercadoria distribuída e entregue ao consumidor final.

Mesmo que a matéria-prima se encontre na América do Norte, a fábrica na América do Sul, e o comprador final na Ásia, não há problemas, pois toda essa cadeia está interligada pela rede mundial de computadores e pela gigantesca malha de transportes fluviais marítimos, rodoviários, ferroviários e aéreos.

Hoje a logística possui a tecnologia como uma ferramenta necessária em suas atividades mais comuns, tendo o âmbito internacional como seu campo de atuação. Por trás de um simples *container*[1], há sempre um grande conjunto de práticas logísticas que estão operacionalizando e coordenando um processo complexo e de escala global para garantir dos fluxos comerciais.

---

[1] *Container* é uma caixa construída em aço ou alumínio com o objetivo de transportar grandes e pesadas cargas por vários modais: aquaviário, terrestre e aeroviário.

Segundo David (2018), a partir das décadas de 1980 e 1990, momento em que a logística ganhou proeminência decisiva nos processos administrativos e comerciais, o termo passou a ser denominado, de maneira mais objetiva, como "gerência da cadeia de suprimentos" ou "gerência de *supply chain*[2]".

Esse conceito é algo que podemos traduzir como a ocupação operacional dirigida aos aspectos físicos da cadeia, que envolve todos os suprimentos que fazem parte do processo produtivo e comercial. Ou seja, programação, compra, aquisição, abastecimento, classificação, fabricação, produção, armazenamento, venda, embalagem, transporte, distribuição e segurança.

Observe a seguir o que acentua David (2018, p. 35):

> Logística é a parte do processo da cadeia de suprimentos que planeja, implementa e controla o fluxo bidirecional (para frente e para trás), eficiente e efetivo, e o armazenamento de mercadorias, serviços e informações a elas relacionadas, do ponto de origem ao ponto de consumo, com o propósito de atender as exigências dos clientes.

Prosseguindo sua análise, referenciamos o *Council of Supply Chain Management Professionals* – CSCMP (tradução do autor)

> O gerenciamento da cadeia de suprimentos abrange o planejamento e o gerenciamento de todas as atividades envolvidas no fornecimento e aquisição, conversão e todas as atividades de gerenciamento de logística. É importante ressaltar que também inclui coordenação e colaboração com parceiros de canal, que podem ser fornecedores, intermediários, provedores de serviços terceirizados e clientes. Em essência, o gerenciamento da cadeia de suprimentos integra o gerenciamento da oferta e da demanda dentro e entre as empresas.

Em essência, a administração da cadeia de suprimentos integra o gerenciamento da oferta e da demanda dentro e entre as empresas. Segundo Vitorino (2012), a primeira situação que devemos nos atentar para sublinhar a importância da atividade logística na administração privada diz respeito ao caráter integrativo específico a ela, que é a capacidade que a logística possui de integrar os diferentes departamentos administrativos de uma empresa, bem como de integrá-la aos seus fornecedores, distribuidores, clientes e consumidores.

---

[2] Supply Chain, é um termo em inglês que, traduzido para o português, significa "Cadeia de Suprimentos" ou "Cadeia Logística".

Claramente, esse aspecto depende da boa execução da atividade logística, pois é somente um bom gerenciamento da cadeia total de suprimentos que a organização consegue retirar dessa atividade as vantagens competitivas, criar inovações e traçar estratégias de crescimento.

Desse jeito, uma boa atividade logística significa justamente o alcance e, principalmente, a manutenção do sucesso nesse empreendimento de coordenação e integração da empresa, tanto dentro quanto fora de suas fronteiras administrativas formais.

Este processo de administração da cadeia de suprimentos que objetiva a sustentação de uma estrutura empresarial única, no qual haja a maior fluidez possível em suas operações. Tudo isso visando minimizar e até extinguir ruídos, atritos e litígios potenciais entre os setores que compõem o todo da empresa.

É nesse sentido que Vitorino (2012, p. 10), ao refletir sobre a importância da logística empresarial, adverte: "a necessidade de conhecer os diversos aspectos do gerenciamento da cadeia de suprimentos é essencial para aqueles que pretendem aumentar a competitividade das empresas".

Esse apontamento já nos indica também uma segunda dimensão essencial da atividade logística no plano da administração privada: a competitividade.

Nos dias atuais, em que a velocidade com a qual os acontecimentos ocorrem é cada vez mais rápida, e a exigência do cliente é cada vez maior, os estudiosos que se dedicam à análise da logística são concordantes em indicar a competitividade como um fator vital.

A competitividade, é aquilo que define a sobrevivência ou não de uma organização. Ser competitivo é permanecer no mercado; do contrário, quase que automaticamente a empresa irá à falência.

Assim, não é segredo que é a logística, por ser responsável pela redução de custos, pela agilização de processos, pela manutenção da qualidade, pela coordenação de operações e segurança, garante um percentual de competitividade essencial para as empresas.

Aqui cabe uma ressalva: logística apenas agrega custos, a competitividade entre as empresas é que determina quando a logística reduz custos.

Contudo, é evidente que ser competitivo também envolve outros aspectos e condições. Conforme Vitorino (2012), se observarmos alguns dos maiores casos de sucesso empresarial das últimas duas décadas no mundo, notaremos que as empresas se concentraram em arquitetar precisamente e tiveram como eleitas suas estratégias de organização da cadeia de suprimentos. Para apoiar tal entendimento sobre essa dimensão de importância da logística empresarial, Vitorino (2012) nos apresenta ainda um exemplo:

No final da década de 1990, a *Gillete* começou a perder da concorrência porque seus custos de produção estavam aumentando demais. E como se sabe, quando os custos sobem, os produtos costumam ficar mais caros para o consumidor. Em 2000, a *Gillete* resolveu dar um basta nessa situação. Para começar, criou um tipo de grupo operacional, unificando compras, embalagens, logística e gerenciamento de materiais, o que reestruturou completamente sua cadeia de suprimentos. No final das contas, os estoques diminuíram em 30%, o que significou para a empresa uma economia de US$ 90 milhões (VITORINO, 2012, p. 16).

Há ainda uma terceira dimensão de relevância da logística empresarial. Essa dimensão está conectada com nossos dias atuais, isto é, com as preocupações indiretas que qualquer atividade administrativa e comercial precisa lidar: os impactos ambientais e ecológicos.

Desde que o meio ambiente passou a ser impactado pelas atividades humanas, são recorrentes os esforços de governos, desde o nível local até o nível global, que passaram a se conduzir ao objetivo premente de proteção do planeta e das condições de vida nele. Isso se comprovou nas últimas décadas, quando foram observados, cientificamente, o aumento drástico do nível de emissão de gases poluentes na atmosfera, o degelo das calotas polares nos extremos da terra, o aumento das queimadas, os desmatamentos etc.

Em consequência, tais questões também passaram a ser enfrentadas pelas organizações privadas; igualmente agentes responsáveis por esse processo, tal como os Estados, as organizações internacionais, os institutos, as entidades, as fundações e as organizações não governamentais (ONGs).

É diretamente nesse ponto que a logística mais uma vez aparece como um quesito de importância básica para a administração, pois as suas atividades são também garantidoras dessa nova conformação requisitada.

Como aponta Vitorino (2012), a logística pode ser analisada como o principal meio administrativo capaz de atender as adaptações à sustentabilidade dentro de uma empresa.

Um esforço que se dirige ao implemento da sustentabilidade econômica e ambiental, dentro e fora da empresa. Um bom processo logístico é responsável, tanto pela economia de recursos financeiros quanto por um menor consumo de combustível ou energia. Tal situação reforça a logística para ser um elemento administrativo totalmente vinculado às noções de equilíbrio e responsabilidade.

Outro ponto sobre a análise da importância da logística deve ser dirigido à capacidade da infraestrutura de um país em lidar com a necessidade de produção e escoamento de sua economia. Trata-se, pois, da análise da importância logística relacionado à administração pública.

Nesse âmbito, a logística se mostra como fator essencial para o desenvolvimento nacional, uma vez que, é ela que permite o crescimento das forças econômicas do país, o abastecimento e acesso a todos os tipos de mercadoria pela população, bem como a circulação de pessoas, capitais e fatores de produção, sendo, portanto, uma relevância que está diretamente associada com a atenção política que o Estado dá a seus agentes econômicos e à sua população.

1. RESULTADO DE IMAGEM PARA GESTÃO DE SUPRIMENTOS E LOGÍSTICA

A logística de suprimentos é o ramo da logística empresarial que trata do planejamento, inserção e controle do fluxo de movimentação e armazenagem de materiais e insumos. Tem por objetivo atender às necessidades de itens para a operação, garantindo assim a integridade do produto final e prazo de entrega.

Para ter noção desse valor, a logística de infraestrutura operacionalizada pela administração pública é aquela que garante, por exemplo, a distribuição de alimentos que chegam diariamente à mesa de todo brasileiro. São os sistemas das centrais estaduais de abastecimento, conhecidos como Ceasas, em coordenação com toda a malha logística de colheita e captação, determinações sanitárias, de transporte e disponibilização, que permitem o acesso rápido a esse tipo de mercadoria, caracterizada por ser perecível.

2. OS INDICADORES DE DESEMPENHO EM LOGÍSTICA

Conforme o site da Consulting House,

> A grande vantagem de se aplicar indicadores de desempenho na empresa é esclarecer à sua equipe quais são as metas do negócio: tanto as gerais quanto as metas individuais. O ideal é que elas sejam objetivas o suficiente para serem compreendidas, além de manterem-se expostas e acessíveis a qualquer momento.

Conforme o site da Totvs,

> Os indicadores de desempenho logístico são métricas quantitativas que objetivam mensurar e avaliar determinados processos empresariais, ajudando a apontar pontos fortes e pontos fracos dentro do negócio.

As métricas-chave são importantes. Sem uma métrica, as companhias não sabem afirmar com segurança o que está dando certo e nem determinar o que está dando errado. Muitos gestores acabam formulando estratégias erradas e tomando decisões de maneira errada, por não ter essas informações em mãos.

Isso, acaba prejudicando os resultados dos negócios, seja em curto, médio ou longo prazo, além do impacto financeiro na empresa.

3. OS PRINCIPAIS INDICADORES DE DESEMPENHO LOGÍSTICO

Conforme o site da Frete Rápido, temos seguintes indicadores de desempenho em logística para o *e-commerce*:

1- C2S – *"click to ship"*
Esse indicador inicia-se quando o cliente conclui a compra e termina quando o produto é expedido, coletado pela empresa responsável pelo transporte.

2- Pedidos Perfeitos — PP
Neste KPI, Key Performance Indicator[3], você consegue mensurar os pedidos entregues no prazo, com boas condições e com os produtos que foram comprados. Assim é possível avaliar se a empresa de transporte tem cumprido os prazos e se o setor operacional tem enviado os produtos corretamente.

3- Índice de avaria
Neste índice, consta os casos em que os produtos ou embalagens foram entregues com qualquer dano causado pelo transporte, seja amassado, rasgado, quebrado. Este indicador é importantíssimo, pois está diretamente ligado à satisfação do cliente e incide diretamente na imagem e reputação que a empresa transmite aos seus clientes, por isso é necessário que seu percentual seja baixo.

---

[3] Key Performance Indicator, ou seja, Indicador-Chave de Desempenho. São os indicadores ou valores quantitativos que podem ser medidos, comparados e acompanhados, de forma a expor o desempenho dos processos e do trabalho nas estratégias de um negócio.

4- Pedidos recusados — PR

Aqui você consegue verificar a insatisfação do seu cliente e analisar o que o levou a recusar a mercadoria que originalmente ele desejava ter. Geralmente a recusa é por equívocos, como envio de produto com defeito ou atraso na entrega.

5- Logística Reversa — LR

Este indicador também relata a insatisfação do cliente e a reputação da loja. Através dele, também é possível notar alguns pontos a serem otimizados, que possivelmente induzem o cliente ao erro na compra. Por exemplo, as medidas de camisas e palmilhas proporcionarão ao cliente uma compra mais assertiva.

6- Custo Frete

Através deste KPI é possível identificar se os valores do frete têm sido demasiadamente altos com relação aos valores de suas vendas. É comprovado que grande parte dos carrinhos abandonados no *e-commerce* brasileiro é proveniente de valores de frete elevados, por isso é importante que seja feita essa análise.

7- Pedidos por Unidade da Federação – UF

Analisar a porcentagem de pedidos por região lhe permitirá identificar seu público, maneiras de atendê-lo melhor, seja com descontos com frete ou com novas transportadoras. Além disso, será possível traçar estratégias para expandir, conquistar os clientes de outras regiões.

8- Custo de armazenagem

Essa métrica concentra-se na medição de custos de armazenamento, onde são considerados fatores como energia, água, manutenção do local, aluguel, custos com colaboradores, dentre outros. Esse custo é dividido pela quantidade de *pallets*[4] que comporta o armazém. Vale ressaltar que a métrica se adequa a cada modo de armazenamento, caso a empresa não utilize o empilhamento por *pallets*.

9- Vendas perdidas por falta de estoque

No KPI[5] em questão, é possível analisar a quantidade média de vendas perdidas por divergência de estoque. Essa perda de lucratividade pode ser causada por fatores como erros na conferência da nota de

---

[4] O palete (do inglês *pallet*, ou francês *pallette*) é um estrado ou plataforma, geralmente feito em madeira, plástico ou metal, usado para empilhar ou transportar materiais por meio de empilhadeiras.

[5] A sigla KPI significa, em inglês, Key Performance Indicator, ou seja, Indicador-Chave de Desempenho. São os indicadores ou valores quantitativos que podem ser medidos, comparados e acompanhados, de forma a expor o desempenho dos processos e do trabalho nas estratégias de um negócio.

compra, no lançamento de produtos, ou por falha da integração da loja virtual.

10- S2D – "*ship to door*" – expedição até a entrega, medido em dias. Este ciclo inicia-se com o fim do C2S, após a expedição e encerra-se ao final da entrega. Serve para a análise da média de dias que se leva para concluir uma compra. Quando o consumidor conclui a compra pela internet, ele a escolheu pela sua comodidade e praticidade, entretanto, todos nós prezamos pela agilidade e rapidez, por isso quanto mais rápido este ciclo for concluído, melhor será sua reputação com o cliente.

Toda e qualquer decisão deve ser tomada de maneira consciente, após uma análise e planejamento, portanto, nada de achismos, o levantamento de dados aumenta seu conhecimento sobre seu negócio e sobre sua concorrência, assim é possível seguir evoluindo juntamente com seu negócio.

Conforme o site TW Transportes,

Tudo isso impacta nos resultados. Por isso acompanhar o desempenho do tempo, desde a solicitação de um pedido até a sua entrega, permite que você analise quais os estágios que precisam de otimização.

4. O WMS – WAREHOUSE MANAGEMENT SYSTEM NA LOGÍSTICA?

Conforme o site Cobli Blog,

O WMS é a sigla para *Warehouse Management System*[6]. Em geral, são softwares[7] ou aplicativos desenvolvidos para ajudar a gerir, otimizar e automatizar os processos logísticos em especial, nos depósitos, armazéns e estoque. O uso de WMS agiliza e torna mais eficientes a estocagem e a expedição de mercadorias, além de ajudar no controle dos estoques e no planejamento logístico e nos processos de *picking*[8] (escolher a separação dos pedidos para envio) e *cross docking*[9] (redu-

---

[6] O WMS – Warehouse Management System é uma ferramenta que apoia completamente a gestão de estoque da sua empresa, assumindo total controle das atividades e do controle de informações. Ou seja, o software atua do momento que o produto chega ao estoque até a sua expedição.

[7] Software é todo programa rodado em computadores, celulares ou outros dispositivos que permite a execução de suas funções

[8] O *picking* consiste na coleta e combinação de cargas não unitárias para configurar o pedido de um cliente. Pode ser realizado praticamente em qualquer tipo de armazém e acontece a partir do momento em que for preciso juntar pacotes, peças, produtos ou materiais para uma vez agregado, efetuar seu translado.

[9] A expressão de origem inglesa *cross docking* pode ser traduzida como cruzamento de docas. Na prática, trata-se de um sistema diferenciado para a distribuição de mercadorias, de maneira que, ao chegarem aos centros de distribuição, já exista toda uma infraestrutura para que as cargas sejam separadas e enviadas a seus destinatários imediatamente, ou no máximo em 24 horas.

ção dos estoques). Contribuem também para a economia de tempo e dinheiro.

... Os WMS são soluções de tecnologias integradas à rotina do *supply chain*[10] para assegurar a boa execução e prever eventuais falhas processuais. Os WMS podem recorrer a códigos de barras para identificar as mercadorias e fiscalizar a entrada e saída dessas mesmas mercadorias do estoque, controlando também informações como prazo de validade, número do lote e outras informações diversas. Uma alternativa aos códigos de barra são as etiquetas RFID (*Radio-Frequency Identification*[11]), que permitem identificar produtos à distância e podem operar por meio de dispositivos móveis, como *tablets* e *smartphones* conectados à internet.

4.1. Quais as principais funções do WMS?

Conforme o site Cobli Blog, temos seguintes funções do WMS:

Controle de segurança de mercadorias
As etiquetas RFID possibilitam controlar com mais eficiência as mercadorias à distância, facilitando a localização dos produtos e também dos espaços vagos.

Integração ao ERP
As soluções WMS podem ser integradas aos sistemas de gestão empresarial, os ERP[12], resultando em um compilado de informações ainda mais interessante.

Quando os dois sistemas estão sincronizados, os pedidos registrados no ERP automaticamente iniciam os processos de envio no WMS. O resultado é a sincronização de vários processos, desde contabilização dos estoques e pedidos até o faturamento desses pedidos.

Geração de relatórios
Os WMS geram relatórios de estoque rápidos e muito úteis na hora de tomar decisões estratégicas, como a disposição das mercadorias pelo armazém para melhor aproveitar o espaço físico disponível.

---

10 Cadeia de suprimentos
11 RFID é uma sigla que vem do inglês e significa Radio Frequency Identification (Identificação por Radiofrequência). Ou seja, trata-se de um sistema de captura de dados que utiliza o sinal, frequência, de rádio para realizar tal tarefa.
12 ERP quer dizer planejamento de recursos empresariais, mas o que o ERP significa? A maneira mais simples de definir ERP é pensar em todos os importantes processos empresariais necessários para administrar uma empresa: finanças, RH, produção, cadeia de suprimentos, serviços, *procurement* e outros.

Integração com outras áreas

Os WMS podem ser acessados remotamente, ou seja, a partir de outros departamentos da empresa, não ligados diretamente ao estoque, como o responsável pelas compras, por exemplo. O acesso às informações dos WMS ajuda esses outros departamentos a tomar decisões (de compra, por exemplo) e manter em ordem a administração dos estoques.

Transferência entre estoques

Em empresas com mais de um estoque, todos eles podem ser integrados via WMS, o que facilita as transferências entre um armazém e outro.

4.2. Como o WMS atua nos processos logísticos?

Conforme o site Cobli Blog, o WMS atua nos seguintes processos logísticos:

Recebimento

O WMS confere todas as mercadorias assim que elas descem para o depósito, ajudando no gerenciamento do estoque.

Armazenamento

O WMS ajuda a organizar melhor os espaços e orienta sobre os locais adequados para o armazenamento de cada produto.

Picking

Picking é separar os produtos para envio. O WMS informa sobre a localização de cada item e reserva os produtos, de acordo com a disponibilidade, para o envio.

Produção

Ao avisar sobre a disponibilidade ou falta de determinados insumos, o WMS ajuda as equipes a se planejar para evitar interrupções na rotina da produção.

Expedição

O WMS fornece relatórios sobre os itens disponíveis no estoque, o que facilita a separação desses itens para o envio rápido e eficiente para os clientes.

Gerenciamento

Em resumo, o WMS auxilia no gerenciamento dos estoques ao controlar a entrada e saída de mercadorias, a localização de todos os itens, e ao fornecer informações necessárias para a tomada de decisões estratégicas em diversas áreas da empresa.

4.3. Quais as vantagens de um software WMS?

Conforme o site Cobli Blog, temos as seguintes vantagens e desvantagens no uso de um software WMS:

Produtividade acelerada

Os WMS conferem agilidade aos processos da empresa. São rápidos ao localizar e despachar as mercadorias e informar à equipe sobre a exata localização desses mesmos itens. O resultado é mais eficiência e produtividade.

Redução do tempo de espera. A automatização via WMS permite economizar tempo em várias operações logísticas. Graças aos códigos de barra e às etiquetas RFID, a entrada e saída de itens do depósito é registrada imediatamente, assim como outras informações, como data de validade. Com essas informações disponíveis mais rapidamente todos os demais processos são acelerados, como o *picking* e a expedição.

Controle de produtos armazenados

As etiquetas RFID registram toda a movimentação de mercadoria nos depósitos, o que permite controlar o fluxo de produtos armazenados com maior eficiência e segurança. Além de ajudar a administrar melhor e de maneira mais dinâmica o espaço disponível.

Otimização do percurso de pedidos

Os WMS informam sobre a localizam exata dos itens estocados, o que é muito útil quando a empresa possui mais de um depósito e não pode perder tempo na hora de localizar um produto solicitado por um cliente.

Aumento na qualidade do material estocado

Ao saber melhor qual o espaço disponível nos armazéns e como ocupá-los de maneira inteligente, a empresa poderá tomar decisões melhores sobre que tipo de mercadoria estocar. Como? Os relatórios do WMS informam sobre os itens que têm melhor saída e, por isso, não devem jamais faltar. Esses itens, de bom preço e boa qualidade, tendem a ocupar cada vez mais espaço nos armazéns.

Redução nos custos de mão de obra

Os WMS também resultam em diminuição de gastos com mão de obra porque automatizam tarefas anteriormente manuais, reduzindo também a possibilidade de inviabilizar processos por conta de erro humano.

Desvantagens do WMS para as empresas

A opção por um WMS pode trazer algumas desvantagens. Ou melhor: até conseguir aproveitar as vantagens, a empresa pode ter alguns gastos (de tempo e de dinheiro) para implementar o sistema. Por exemplo: custos com integração de sistema como o ERP, custos com o software, gastos com compra de equipamentos e tempo de implementação e treinamento. Considerado um dos maiores desafios das operações de *e-commerce*, a logística precisa de uma atenção especial. Quando o assunto são os envios de mercadorias, todo tipo de cuidado é necessário para garantir uma excelente experiência de compra para o consumidor.

Conforme o site Profissional de *E-commerce*, temos os seguintes desafios da logística para lojas virtuais:

A armazenagem dos produtos
O processo de armazenagem precisa ser feito de forma cautelosa. Por isso, quando o assunto são as embalagens para *e-commerce*, é importante saber como escolher a melhor opção.

Etiqueta Sigep Web
As etiquetas Sigep Web[13] são itens indispensáveis para o envio de encomendas pelos Correios. Esses itens contam com uma medida padrão de 107x138mm e 3mm entre linhas em um rolo de 35m. O código de etiqueta deve ser obtido mediante contrato com os Correios. A empresa fornece em seu site um documento que aborda as principais dúvidas quanto ao serviço. Caso isso ainda não seja suficiente, é possível entrar em contato com a Central de Atendimento que se encontra no site. Para a impressão dessas etiquetas, existem alguns modelos de impressoras térmicas específicas nos modelos: Argox, Zebra, Elgin e Datamax. Caso adquira alguma dessas impressoras, não se esqueça de configurá-la corretamente no programa dos Correios.

Embalagens para e-commerce
Quanto às embalagens para *e-commerce*, existem diversas opções nos mais variados tamanhos e modelos, quer para caixas ou para envelopes. A estatura e o tipo dependerão do tamanho do produto vendido, porém o mais importante é a segurança da encomenda. Os envelopes de segurança geralmente são revestidos com plástico à prova de violação, umidade, rachaduras. Possuem adesivo Hot-Melt[14] (o adesivo

---

[13] O SIGEP WEB é um sistema desenvolvido pelos Correios com a finalidade de facilitar e agilizar a preparação e gerenciamento das postagens de encomendas pelos clientes.

[14] Hot-Melt são adesivos que, após atingir uma determinada temperatura, possuem alta viscosidade, podendo ser moldados conforme a necessidade. Isso significa que, como o nome já sugere, o *adesivo hot melt* precisa ser aquecido para ser aplicado.

não derrete fácil em altas temperaturas). Além disso, o saco *zip lock*[15] pode ser utilizado para o envio de nota fiscal. Os itens mais comuns são as caixas de papelão. Elas possuem tamanhos variados e são muito similares àquelas comercializadas pelos Correios. Após uma rápida pesquisa, você encontrará empresas especializadas na venda de caixas por atacado.

Segundo o mesmo site, temos que levar em consideração também a importância da embalagem no *e-commerce*.

Embalagem para notas fiscais

Para o envio de documentos importantes, como é o caso das notas fiscais, existem envelopes e sacos plásticos especializados. Esses sacos plásticos para notas fiscais (DANFE, AWB, CANGURU) tem suas singularidades devido a tamanhos diferentes para cada necessidade. Esses produtos são autoadesivos resistentes com abertura no verso para inserção do documento, tecnologia Hot-Melt, além de proteger e manter o documento sempre visível. O cliente final sempre observará o cuidado com o preparo do envio da mercadoria, antes mesmo do produto em si. Por isso, procure sempre causar uma boa impressão.

A periodicidade da análise e do controle é importante, pois quanto mais proatividade nas ações, menos o consumidor final sentirá os efeitos. Algumas ferramentas de qualidade ajudam na identificação da causa e solução dos problemas, tais como: Pareto[16], Ishikawa[17] (espinha de peixe), Método de Análise e Solução de Problemas (MASP) e Poke Yoke[18] (sistema de inspeção desenvolvido para prevenir riscos de falhas humanas e cor-

---

[15] Zip Lock é feito de polietileno e possui um fecho hermético – ou seja, consegue conservar e isolar bem os itens guardados. Esses sacos plásticos são indicados para conservação de alimentos, o saco hermético zip pode ir ao freezer e ao micro-ondas, para embalagem de pequenas peças e muito útil para peças de vestuário e bijuterias.

[16] Princípio de Pareto, ou regra 80/20, é uma tendência que prevê que 80% dos efeitos surgem a partir de apenas 20% das causas, podendo ser aplicado em várias outras relações de causa e efeito.

[17] Diagrama de Ishikawa é uma ferramenta que ajuda a identificar as causas raízes de um problema, analisando os fatores envolvidos em um processo. Esse gráfico também é conhecido como Diagrama de Causa e Efeito, Diagrama de Espinha de Peixe ou Diagrama dos 6Ms

[18] "Poka Yoke"; esse nome é de origem japonesa e significa "à prova de erros". A partir daí, já dá para se ter uma ideia da natureza dessa ferramenta, que foi criada no Japão e implantada no Sistema Toyota de Produção.

rigir eventuais erros em processos industriais, sempre por meio de ações simples, conforme o site Endeavor Brasil), são alguns dos principais.

Conforme o site da Totvs,

> Se há um desafio que precisa ser enfrentado por pequenas, médias e grandes empresas de forma indiscriminada, ele diz respeito à infraestrutura logística do país. De acordo com uma pesquisa da Fundação Dom Cabral, os gastos de empresas na área impactam diretamente até 12,3% do faturamento bruto dos negócios em 2017. O valor é bem elevado, principalmente quando comparamos à China (10%) e aos Estados Unidos (8,5%). O principal problema no Brasil continua sendo a grande dependência do sistema rodoviário, o excesso de burocracia e os gastos com rastreamento e segurança. Ou seja, são problemas de contexto amplo, que precisam ser combatidos. As empresas, no entanto, precisam fazer a sua parte, principalmente se quiserem se manter competitivas no mercado.
>
> **A logística e a cadeia de suprimentos como complementares**
> Logística e cadeia de suprimentos são termos bastante familiares ao ambiente corporativo, mas, ainda sim, existem algumas dúvidas sobre a extensão dos conceitos: afinal, onde começa a logística e onde começa a cadeia de suprimentos? A logística abrange processos relativos ao transporte e ao armazenamento de mercadorias, matérias-primas e insumos. É crucial garantir que o bem vá do fornecedor à empresa e da empresa para o consumidor final, com rapidez, segurança e baixos custos, mas levando em conta as necessidades internas da organização. Ela também diz respeito à movimentação de produtos e matérias-primas durante o processo de produção (ex.: uma peça foi montada e deve ser movida até determinada máquina para dar continuidade). O gerenciamento de cadeia de suprimentos, por sua vez, é muito mais amplo. Ele envolve a pesquisa de fornecedores, de satisfação, o controle de inventários e qualidade e o planejamento de compras de forma estratégica, além, é claro, dos próprios processos logísticos. Assim, podemos dizer que a logística é uma etapa técnica e especializada dentro do gerenciamento de cadeia de suprimentos. Ou seja, o gerenciamento de *supply chain* não só está preocupado com a entrega de produtos na hora e quantidade certa, mas também com a descoberta de fornecedores mais competitivos, o estabelecimento de um calendário de compras e entregas, entre outras ações e metodologias que buscam garantir a competitividade da empresa, mesmo perante os desafios logísticos dos quais falamos no início do *post*.

A influência dos processos entre os setores

A confusão entre os termos logística e cadeia de suprimentos tem uma explicação: as empresas vêm descobrindo que as duas áreas são mais efetivas quando são realmente integradas, tornando todo o processo monitorável, rápido e gerando uma redução de custos. A logística trata, especificamente, sobre transporte e armazenagem — os quais, como mostramos, têm custos consideráveis. Por isso, não basta apenas escolher as melhores rotas para entregas ou definir as políticas do estoque em relação ao número de itens armazenados e em quais condições. Graças à gestão integrada, a companhia pode utilizar informações de outros setores para ser mais efetiva. Uma ação de marketing que alavanque a venda de determinado produto, por exemplo, pode demandar a maior compra de insumos específicos. Com uma boa gestão de suprimentos, é possível adquirir esses insumos com antecedência, escolhendo o fornecedor de maior confiabilidade e com as melhores condições de preços e prazos de pagamento.

Estratégias que podem facilitar a integração

Já está claro que a gestão logística e de cadeia de suprimentos são diferentes, mas intimamente ligadas. No entanto, garantir que exista uma integração real e geradora de resultados positivos exige a adoção de práticas, metodologias e ferramentas adequadas. Tudo isso deve se basear em um conceito muito simples: o compartilhamento de informações para a tomada de decisões estratégicas. Por isso, o primeiro passo deve ser o estabelecimento de canais de comunicação efetivos, onde os gestores de cada área possam consultar dados da área afim. Os setores também precisam compartilhar práticas e políticas similares, garantindo que não haja atritos nos pontos de contatos. Isso pode ser resolvido com a padronização de documentos, como a solicitação de cotações junto a fornecedores ou mesmo contratos de compra e seus termos específicos, por exemplo, a definição de multas em caso de atrasos nas entregas. Por fim, vale lembrar que a integração começa no planejamento. Por isso, promova reuniões entre as lideranças de cada setor, nas quais eles possam criar um calendário de ações em comum e entender as dificuldades e oportunidades de cada área.

O uso do ERP para conectar as duas atividades

Como mostramos anteriormente, a integração profunda entre logística e cadeia de suprimentos é o melhor caminho para reduzir custos e garantir vantagens competitivas em um mercado cada vez mais acirrado. Para assegurar que isso aconteça, portanto, vale a pena utilizar a tecnologia como aliada.

O ERP – *Enterprise Resource Planning*, é a solução ideal para esse momento. A ferramenta foi criada justamente para garantir a integração de vários setores de uma empresa, uma vez que ele centraliza dados de cada setor em um único software. Ou seja, o ERP permite que a sua empresa acompanhe métricas e índices de produtividade importantes tanto para a logística quanto para a cadeia de suprimentos em tempo real. O sistema ainda pode gerar relatórios, permitindo que os gestores tenham subsídios confiáveis para a tomada de decisão rápida, seja para corrigir gargalos nos processos, seja para apostar em uma oportunidade de melhoria. Além de o ERP contribuir para um fluxo de comunicação constante e útil para a instituição, ele também pode ajudar nas etapas repetitivas ou burocráticas. Ou seja, você consegue emitir Notas Fiscais pelo software ou, inclusive, enviar alertas ao usuário em momentos-chave, como a iminência de um desabastecimento no estoque que gere a necessidade da realização de um novo pedido de compra.

Conforme o site VHSYS, há 7 Dicas para melhorar a logística das entregas da sua empresa:

> Quem depende de entregas para comercializar seus produtos sabe como é importante ter uma logística eficiente para que nada dê errado nos processos e o cliente não acabe saindo insatisfeito do negócio. A logística é uma operação que envolve diversos esforços para que seu funcionamento seja preciso. Qualquer falha na entrega – produtos errados, em más condições, atrasos – pode comprometer a imagem da empresa ao consumidor, que terá uma experiência negativa e provavelmente evitará comprar mais algum produto de sua marca. Isso pode ser ainda pior considerando a possibilidade da situação escalar e gerar uma crise, com o cliente utilizando as redes sociais e outros canais para reclamar do caso e, assim, influenciar a opinião de outros compradores. Essa situação afeta companhias de diferentes segmentos e portes. Porém, quanto mais uma empresa cresce, maior é a necessidade de ter um controle sobre os estoques e as entregas, pois a demanda também aumenta. Confira abaixo 7 dicas para melhorar os processos de logística do seu negócio e diminuir a margem de erro nessa operação:
>
> **1- Planejamento**
> Tudo começa com o bom e velho planejamento: é preciso se atentar a todos os processos logísticos, desde a venda até a entrega final. Tenha um cuidado constante a respeito do estoque: sempre confira se

há a quantidade certa de produtos em relação aos que estão sendo vendidos, evitando assim que o consumidor finalize a compra de algo que está indisponível. Faça uma previsão da demanda para ajudar no controle dessa área, estimando a saída e entrada de mercadorias. Se há um estoque físico, estabeleça um sistema de organização para otimizar esse setor, deixando os produtos mais vendidos em um local de fácil acesso.

2- Integração das áreas da companhia

É importante que os setores da empresa tenham uma boa comunicação para que todos os processos funcionem eficientemente. O marketing precisa saber as informações do produto e do serviço de entrega para informar corretamente o cliente; as vendas precisam ser comunicadas à equipe de estoque e logística; o financeiro deve ter conhecimento sobre os custos e recebimentos, e assim por diante. Isso só se realiza se houver uma verdadeira integração entre as áreas, diminuindo a possibilidade de erros nas operações.

3- Mais opções de serviços de entrega e transportadoras

Avalie outros modelos de entregas para encontrar a que melhor se adapta às necessidades do seu negócio, seja em questão de prazos, preços, disponibilidade de relatórios de performance ou até por conta da especificidade do seu ramo (exemplo, venda de produtos frágeis). Existem métodos diferenciados que podem ser mais atrativos aos seus clientes e mais coerentes com a realidade da sua loja. Outra dica importante é ter contato com diversas transportadoras para que, no caso de imprevistos, suas entregas não sejam comprometidas – o que pode manchar a reputação da sua empresa aos olhos do consumidor. Cuidado na hora de interpretar as diferentes tabelas de valores e prazos das transportadoras para não pagar um preço maior do que previsto e repassar uma informação equivocada ao cliente, pois geralmente essas empresas possuem métodos diferentes de cobrança. Também considere o frete como influenciador da motivação ou desistência do processo compra.

4- Rastreamento

É imprescindível pensar na experiência do cliente com a entrega, pois um bom serviço é um fator de peso para sua fidelização. Nesse caso, um sistema de rastreamento pode contribuir para que o consumidor confie mais na empresa, podendo acompanhar o processo de entrega de seu pedido. Esse recurso passa uma imagem de credibilidade e transparência ao comprador, também entrando em um dos itens a considerar na escolha de uma transportadora.

5- Logística reversa

Este item é de bastante importância, apesar de muitas vezes ser ignorado. Se o consumidor, por algum motivo, quiser trocar o produto, é necessário pensar no processo de devolução dessa mercadoria e de reembolso. Antes mesmo de realizar a compra o cliente deve ter pleno conhecimento sobre as políticas da empresa nesses casos. Mesmo nessas situações adversas, é possível transformar um fato negativo em uma boa experiência na sua loja – se essas operações forem feitas com eficiência e dando comodidade ao comprador. Também deve-se considerar nessa hipótese a entrega não concretizada, como o cliente não ter sido encontrado no local de recebimento cadastrado.

6- Métricas

Como em tantas áreas de um negócio, os dados são necessários para medir a performance das operações e ajudar a melhorá-las. Todas as informações colhidas – localidade com mais clientes, perfil dos consumidores, produtos mais vendidos, número de devoluções – podem auxiliar a identificar falhas em diferentes processos e a aproveitar as oportunidades que poderiam ter passado despercebidas. Escolha as métricas mais adequadas a sua empresa e use-as na tomada de decisões.

7- Tecnologia

O uso de sistemas automatizados pode ajudar – e muito – na administração dos estoques. Esses softwares têm o objetivo de facilitar e otimizar os processos, evitando a utilização de várias planilhas manuais e economizando tempo e recursos. Dependendo da solução escolhida, é possível fazer o gerenciamento de todas as áreas da empresa usando a mesma plataforma.

5. TIPOS DE RASTREADORES

Conforme o site Cobli, a diferença entre rastreamento e monitoramento é:

> Rastrear é observar uma trajetória. Seu objetivo é armazenar dados gerados ao longo de um deslocamento para checar se tudo ocorreu conforme o combinado.
>
> Monitorar é acompanhar o trajeto em tempo real. Dessa forma, é possível garantir que tudo saia conforme o planejado.
>
> Ou seja...
>
> É possível que um rastreador não possa ser utilizado para fazer o monitoramento de veículos. É importante prestar atenção à frequência de pulso do dispositivo para entender o tempo de atualização da localização dos veículos.

Conforme o site Cobli,

> Existem 03 tipos principais de rastreadores automotivos, que são classificados conforme o sistema de telecomunicação utilizado. Todos os dispositivos são equipados com a tecnologia GPS[19]. O que muda é a forma como as informações são transmitidas para uma central de controle.

Conforme o site da Cobli, temos as seguintes possibilidades de uso dos rastreadores:

---

[19] GPS significa Global Positioning System, ou Sistema de Posicionamento Global, é um sistema de navegação por satélite a partir de um dispositivo móvel, que envia informações sobre a posição de algo em qualquer horário e em qualquer condição climática.

Satélite: Esse tipo de rastreador envia o sinal para uma rede de satélites que distribui a localização precisa do veículo para a central de rastreamento. Funciona bem em ambientes abertos, mas é caro e não transmite em tempo real.

Radiofrequência: Esse rastreador costuma ser utilizado para o rastreamento de cargas roubadas. É um dispositivo muito simples, por isso, muitas vezes, acaba não satisfazendo as necessidades de uma gestão completa dos veículos da frota.

M2M/GSM: Os modelos mais modernos costumam utilizar essa tecnologia, que transmite o sinal a antenas de telefonia. Preste atenção a como os dados são disponibilizados, pois isso pode interferir na atualização em tempo real das informações. ... Rastreador via satélite (o famoso GPS) ou via radiofrequência (RF)? Essa pergunta costuma martelar na cabeça de empreendedores e operadores logísticos na hora de escolher a tecnologia de rastreamento mais apropriada para garantir a segurança da frota. Mas, antes de cravar uma resposta, é melhor saber um pouco mais sobre as diferenças entre essas modalidades de rastreio para concluir qual das duas tecnologias trará mais benefícios para o seu negócio.

Quais as diferenças entre um rastreador via satélite (GPS) e um rastreador via radiofrequência?

Vamos explicar primeiro como funciona o GPS, o qual todo mundo já ouviu falar. GPS é uma sigla, em inglês, para "sistema de posicionamento global". Os satélites emitem sinais para os receptores (no caso, os próprios aparelhos de GPS), que respondem a esses sinais enviando as coordenadas geográficas do veículo. Os satélites são equipados com relógios extremamente precisos, que conferem o tempo que passou entre a emissão dos sinais e a chegada da resposta do GPS. Esse intervalo de tempo permite calcular, com precisão de metros, a localização do veículo. Já no caso dos rastreadores que funcionam por radiofrequência, as informações são emitidas e recebidas por meio de ondas eletromagnéticas captadas por antenas. Rastreadores desse tipo funcionam mais ou menos como o rádio que você instalado no seu carro ou caminhão. O alcance das ondas de rádio é menor, porque elas dependem da proximidade com as antenas, mas, ainda assim, a área de cobertura é bastante ampla.

Tipos de Rastreadores

5.1. Quais as vantagens e as desvantagens de cada tipo de rastreador?

Conforme o site da Cobli,

> Cada uma dessas tecnologias – via satélite ou radiofrequência – tem vantagens específicas que podem interessar ao seu negócio. Vamos conferir quais são:
>
> **GPS**
>
> As principais vantagens dos rastreadores via satélite são abrangência da cobertura e a precisão das informações fornecidas. Os GPS são capazes de identificar a localização exata de um veículo, o que ajuda (e muito!) os gestores responsáveis por supervisionar trajetos. A precisão do rastreador GPS é tamanha que até mesmo navios e aviões recorrem a eles. Não é de se estranhar que, nos últimos anos, empresas que trabalham com logística e transporte abraçaram essa tecnologia para aumentar a eficiência dos serviços que oferecem. Outra vantagem dos GPS é a possibilidade de acompanhar o deslocamento de um veículo em tempo real, literalmente segundo a segundo. Os GPS operam por meio de redes de telefonia móvel, o que permite a rápida troca de mensagens entre quem está no volante e quem ficou no escritório. É possível trocar as mais diversas informações, como localização, dados de telemetria, alertas quanto ao excesso de velocidade, avisar se as portas do veículo estão abertas etc.
>
> **Radiofrequência**
>
> As maiores vantagens da radiofrequência são as mesmas do rastreador GPS: a área de abrangência e a precisão das informações. Se houver antenas razoavelmente próximas, dificilmente o sinal será perdido, deixando o condutor na mão. Os rastreadores RF funcionam até mesmo em túneis e subsolos. A radiofrequência é uma tecnologia também bastante estável. Como cada rastreador costuma operar em uma frequência específica, dificilmente bloqueadores de sinal (aqueles usados por criminosos para dificultar o rastreamento de veículos roubados) interferem na emissão e na recepção dos sinais. Os rastreadores RF também contam com sistemas de segurança que alertam rapidamente a central de controle se identificarem, nas proximidades, a presença de algum *"jammer"*[20], ou seja, de um bloqueador de sinal.

---

[20] Jammer, interfere na comunicação para impedir que o veículo seja posteriormente localizado; não é possível bloquear um Jammer ou, simplesmente, neutralizar um aparelho. Como a sua frequência é idêntica à de um aparelho GSM, não há como impedir que ele emita sinais por intermédio de um hipotético dispositivo de bloqueio.

Vamos ver também quais são as desvantagens desses dois tipos de rastreador:

GPS

Apesar de ter uma vasta área de cobertura, o rastreador GPS costuma funcionar com dificuldades em túneis, subsolos, galpões e outros ambientes fechados. Essas falhas são resultado da perda do contato com os satélites.

Radiofrequência

Uma das principais diferença entre os GPS e os rastreadores via radiofrequência é como se dá a comunicação entre o veículo e os satélites ou as antenas. Nos GPS, a interação com os satélites se dá com o apoio de redes de telefonia móvel (CDMA/2G/3G). A troca de informações é constante, o que permite o rastreamento em tempo real do veículo. Os rastreadores RF funcionam de outro modo. A comunicação com as antenas não é constante. Na verdade, o sistema RF só passa a trocar informações com as antenas depois de receber algum comando inicial. Além disso, o conteúdo que esses rastreadores são capazes de transmitir é razoavelmente limitado e costuma se restringir a dados de longitude e latitude que permitem apenas descobrir a localização do veículo. Com frequência, um gestor de frota precisa de mais informações para fazer bem seu trabalho.

5.2. Qual tecnologia escolher?

De acordo com o site Cobli, temos:

> ... os rastreadores via satélite e via radiofrequência têm características e limitações distintas. Antes de escolher um deles, você precisará saber exatamente quais são as necessidades de sua empresa. Se o seu negócio demanda por uma tecnologia capaz de melhorar a gestão da frota ao fornecer informações estratégicas, como a localização dos veículos e dados sobre o consumo de combustível e a performance do motorista, é melhor optar por um GPS. Agora, se você só quer monitorar os trajetos para reforçar a segurança de seus veículos e motoristas, compensa investir em um rastreador que funcione por radiofrequência. Qualquer que seja a sua decisão, lembre-se que os sistemas de monitoramento, via GPS ou radiofrequência, são ferramentas importantes para ajudar a gerir uma frota, aumentando a eficiência dos processos e tornando-os mais rápidos e econômicos.

Qual a importância de contar com um serviço de rastreamento?

Agora que você provavelmente já escolheu a tecnologia de rastreamento mais adequada às necessidades da sua empresa, vale a pena lembrar alguns benefícios de contratar esse tipo de serviço:

Saiba sempre onde está o seu veículo

Como informam a localização em tempo real, rastreadores são extremamente úteis aconteça algum imprevisto ou alguma tragédia, como roubo do veículo ou tentativa de sequestro. Alguns rastreadores permitem até intervenções remotas, como bloqueio da bomba de combustível se alguma movimentação estranha for detectada, como uma parada longa sem nenhuma razão aparente ou um desvio de rota.

Planeje melhor suas rotas

Um bom rastreador é uma mão na roda na hora de planejar uma viagem, pois informa sobre as rotas mais acessíveis e avisa sobre áreas interditadas. Também ajuda a programar paradas estratégicas para o abastecimento do veículo e descanso do motorista. Rotas bem planejadas resultam em economia de tempo e em serviços prestados com mais rapidez.

Economize

O seguro de veículos equipados com rastreador costuma ser mais em conta, até 30% mais barato. As diversas informações fornecidas por um rastreador também permitem planejar melhor todo o processo e identificar gastos desnecessários, como desperdícios de combustível e usos irresponsáveis do veículo que podem gerar custos extras na oficina. Essas informações ainda ajudam a programar as manutenções e revisões do veículo, evitando despesas que não estavam previstas no orçamento.

OBD – On Board Diagnostics: diagnóstico preciso

Rastreadores veiculares conectados via entrada OBD – On Board Diagnostics[21] podem ser atrelados a um sistema mais robusto de acompanhamento. O dispositivo costuma ser de fácil instalação: basta encaixá-lo na entrada OBD e já é possível visualizar as informações geradas em um aplicativo ou painel. Por esses motivos, um rastreador veicular via entrada OBD costuma ser o modelo mais recomendado para frotas empresariais. Aliado à telemetria, ele atua também como um sistema de monitoramento, fornecendo outros dados que facili-

---

[21] OBD, do inglês On-Board Diagnostic, designa um sistema de autodiagnóstico disponível na maioria dos veículos automóveis que circulam atualmente. A conexão ao sistema consiste em um conector padronizado que foi sancionado como obrigatório na Europa e nos Estados Unidos para todos os veículos produzidos desde 1996, e no Brasil a partir de 2010 com o padrão de segunda geração OBD2 (ou OBDII).

tam a rotina de gestores. Por exemplo: o controle de gastos com combustível e o agendamento de manutenções preventivas.

Benefícios do rastreamento veicular

A função primordial do rastreamento veicular é informar a localização exata de um carro, caminhão, moto ou qualquer outro tipo de veículo. É uma funcionalidade que resolve especialmente duas questões: segurança e eficiência.

Segurança

O rastreador pode ser um ótimo aliado caso aconteça algum imprevisto com o veículo ou motorista, como roubos e acidentes. Determinados modelos podem até permitir intervenções de forma remota, como o bloqueio do veículo, se um comportamento estranho for detectado pelo sistema. Se o foco da compra do rastreador está em reforçar a segurança dos veículos e motoristas, o mais indicado é optar por modelos com alta frequência de atualização e boa precisão do pulso. Se além do reforço na segurança também for importante entender o perfil de condução de cada motorista, como é comum em frotas grandes, o recomendado é optar por um sistema robusto, que facilite a gestão de todos os veículos da empresa em um só lugar.

Eficiência

Com a ajuda do software e um serviço de monitoramento do trânsito (como Waze[22] ou Google Maps[23]), é possível determinar as rotas mais rápidas levando em conta vias congestionadas ou bloqueadas por acidentes. Além disso, no caso de empresas que trabalham com um volume grande de veículos, é possível traçar uma rota otimizada, aumentando o número de atendimentos realizados em um dia e reduzindo os custos com a operação. Com rastreadores do tipo M2M/GSM é possível ainda acompanhar informações mais detalhadas do veículo, como a velocidade com que ele está andando, o tempo em que o motor ficou ligado sem necessidade e também a quantidade de combustível consumido, tornando a gestão de frotas um processo mais eficiente. Tomemos como exemplo uma empresa com uma frota média de 30 veículos. A partir da inteligência fornecida pelo sistema de rastreamento, é possível adotar ações como roteirização otimizada de

---

[22] O termo Waze é derivado da palavra do idioma inglês *ways*, que significa caminhos. O vocábulo traz a ideia dos "diversos caminhos" que se tem de chegar ao destino desejado.

[23] Google Maps é uma ferramenta de GPS com aplicativo disponível para Android e iPhone (iOS). Por meio dos mapas do Google, usuários podem conferir e encontrar locais e estabelecimentos, visualizar rotas, estimar tempo de viagem e distância entre dois pontos, obter informações sobre o trânsito e até mesmo conferir horários de ônibus e se o transporte está cheio.

trajetos, melhor distribuição de tarefas e monitoramento de paradas indevidas. Isso resulta em uma economia anual de até R$ 106.920,00 para a empresa. Extrapolando a análise para frotas grandes, de até 200 veículos, a economia anual chega a R$ 712.800,00. Ou seja, o rastreamento faz com que a gestão de frotas se torne mais eficiente em atendimentos diários e também mais econômica. Essas comparações ficam ainda mais evidentes quando é feito um acompanhamento do consumo dos veículos. Nele você pode criar campos para o motorista preencher na hora de abastecer, incluindo os litros abastecidos e a distância percorrida.

6. FUNÇÕES E DIMENSIO-NAMENTO DOS ESTOQUES

Uma das afirmações mais ouvidas no mundo é que "estoque é um mal necessário", e que, podemos considerar, é absolutamente verdadeira. Não é possível uma operação produtiva sem a existência de armazenagem, necessárias para a continuidade dos fluxos de materiais e como resultado para alcançar e manter a eficiência e capacidade da produção.

Por outro ângulo, o custo financeiro de se manter produtos armazenados pode afetar e até impedir financeiramente uma atividade econômica. Atingir a estabilidade entre esses dois fatores é um considerável objetivo da gestão, tanto das empresas como das cadeias de suprimentos.

Duas dimensões surgem quando falamos de estoques: o correto posicionamento deles e a preocupação com a entropia[24] dos procedimentos funcionais. Usamos o termo entropia no sentido filosófico, sendo que o termo é usado para descrever a evolução de um sistema em ordem para um sistema em desordem.

Os armazéns tendem a ser solução para os mais diversos problemas do dia a dia empresarial e em consequência podem aumentar até a níveis completamente insuportáveis. Desta feita, não só se deve dimensioná-los perfeitamente como manter esses níveis ao longo do tempo.

---

[24] Entropia é uma importante grandeza física utilizada na Mecânica Estatística e na Termodinâmica para medir o grau de desordem de um sistema geralmente associada a aleatoriedade, dispersão de matéria e energia. Dizemos que, quanto maior for a variação de entropia de um sistema, maior será sua desordem, ou seja, menos energia estará disponível para ser utilizada. A entropia negativa, no âmbito da organização administrativa, é a definição dada a empresa, companhia ou sistema que está se restabelecendo, ou seja, se recuperando da desordem e falência.

7. FUNÇÕES DOS ESTOQUES – ANÁLISE DOS CUSTOS ENVOLVIDOS

7.1. Estoque como solucionador de conflitos

Todo método produtivo, do mais elementar ao mais complexo, é formado por atividades entre as quais temos confrontos. Um modo de se resolver os confrontos entre as etapas da cadeia produtiva é a utilização de estoques. E isso pode se tornar um grande empecilho.

Numa cadeia produtiva a estabilidade dos fluxos está ligada à eficiência e à eficácia da operação. Um fluxo constante indica um melhor funcionamento da cadeia, mas não é fácil de ser conseguido. Muitos fatores contribuem para irregularidades no fluxo, tanto por motivos essenciais como evitáveis.

Imagine a produção de um determinado produto, composto de certo número de ciclos, na qual você é um dos ciclos. Cada ciclo depende dos anteriores e causa dependências nas posteriores. Você depende dos elos que o precederam e interfere nos elos que o sucedem.

Uma situação ideal, mas normalmente impossível de ser alcançada, seria a produção unitária do produto, ou seja, cada etapa faz uma unidade do produto, passa para a etapa seguinte, que executa outra atividade sobre essa única unidade, e passa para a próxima etapa. Uma situação dessas produziria estoques muito pequenos. Imagine uma rede produtiva com dez etapas. Teríamos uma unidade em cada etapa, num total de apenas dez unidades.

Essa situação supostamente rara é, no entanto, dificilmente adequada, porque, ao mesmo tempo em que reduz os estoques aumenta muito o pega e larga e os transportes. Pense em você fazendo sua atividade, levantando-

-se do seu posto de trabalho e entregando o produto para a próxima etapa, que pode estar fisicamente distante, eventualmente até em outro local. O que você ganharia com a redução de estoques poderia perder muito mais com os transportes.

Assim, para equilibrar os custos de estocagem e de transporte, melhorando a eficiência das operações, costuma-se trabalhar com partes de produtos. Considere que tenhamos estudado a sua cadeia produtiva e chegado à conclusão que devemos trabalhar com lotes de cem unidades. Agora você não vai pegar da etapa anterior e passar para a posterior uma unidade, mas sim um lote de cem unidades. Note que agora sua linha de produção tem mil unidades do produto em estoque. Cem unidades em cada uma das dez etapas.

Aumentamos muito os estoques, mas reduzimos os transportes. Você terá que sair do seu posto de trabalho dez vezes menos que no modelo anterior.

Visualize a situação agora: você recebe uma caixa com dez peças que deverão ser trabalhadas por você. Digamos que você tenha que fazer em cada peça dois furos. Você pega a caixa, faz os furos em todas as peças, leva a caixa para o posto de trabalho seguinte, retorna ao seu posto de trabalho e nota que não recebeu ainda uma nova caixa com as próximas peças. Você vai ter que ficar parado durante certo tempo, ocasionando ociosidade.

Para evitar essa ociosidade podemos proteger a produção com algum aumento de estocagem. Veja a figura a seguir:

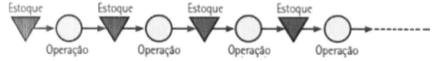

Figura 1 – Produção com aumento de estocagem

Adaptada de: Slack, Chambers e Johnston (2002).

Observe que antes de cada operação temos um estoque (no nosso exemplo de dez unidades).

Os operadores, por exemplo, trabalham num lote de dez unidades e têm outro lote de dez unidades à espera na sua esquerda. Agora temos na linha inteira um total de 210 unidades, sendo cem unidades trabalhadas e mais 110 unidades nos estoques de "espera". Aumentamos bastante a estocagem, mas aparentemente melhoramos a eficiência total da operação.

O pensamento pressupõe uma atividade regular da rede produtiva, sem a ocorrência de eventualidades tais como falta de pessoal, de matéria-prima ou energia; problemas de qualidade e retrabalho etc. Esses fatores aleatórios provocam os confrontos principais, os quais frequentemente são enfrentados com aumento de estoques.

A imagem mais frequente que se faz dos estoques é a da caixa d'água. Nas nossas residências as caixas d'água só fazem sentido porque existe uma diferença entre o fornecimento de água e o seu consumo, ou em termos mais rigorosos a diferença entre o fornecimento e a demanda. O fornecimento de água, de modo geral, é constante ao longo de todo o dia, mas o consumo não; em determinados momentos do dia a demanda por água numa residência é muito maior do que em outros momentos. A caixa d'água então ajusta esse desequilíbrio. Durante a maior parte do tempo ela é suprida com uma quantidade relativamente pequena de água que é consumida em grandes quantidades em curtos períodos.

O dimensionamento da capacidade de uma caixa d'água poderia ser feito (e é feito) através destes dois valores, taxa de abastecimento e taxa de demanda, e provavelmente resultaria em caixas muito menores do que se as encontradas não fossem irregularidades. Como, por exemplo, a interrupção de fornecimento por largo intervalo de tempo. Isso faz com que caixas d'água localizadas em regiões onde falte muita água sejam maiores que similares localizadas em locais com fornecimento mais constante.

Da mesma forma ocorre com os estoques nas organizações. Podem (e devem) ser dimensionados de modo objetivo e matemático, mas estão sujeitos às variações de abastecimento e demanda aleatórios.

Pense que sua organização utilize como matéria-prima fundamental minérios que são extraídos de locais a mais de 4.000 quilômetros de sua planta. Perceba como existem possíveis problemas no fornecimento deste material. Caminhões podem quebrar; estradas podem ficar intransitáveis, greves podem ocorrer etc. Para sua organização se proteger desses conflitos inevitavelmente deverá aumentar os níveis de estocagem, além daqueles objetivamente calculados.

Essa segurança supera amplamente os níveis calculados e contribui para um declínio do sistema, ou seja, aumento de estoques tende a gerar ineficiências, que tornam a causar aumentos, criando um círculo vicioso. Quando estudarmos os conceitos de *just in time*[25] veremos como esse fator é perverso para a saúde financeira e operacional das empresas.

7.2. Inevitabilidade dos estoques e seu impacto na saúde financeira das empresas

Slack, Chambers e Johnston (2002) definem estoque como "a acumulação armazenada de recursos materiais em um sistema de transforma-

---

[25] *Just in time* é uma técnica de gestão da produção, que influencia no controle de estoque. É um tipo de metodologia enxuta, projetada para aumentar a eficiência, cortar custos e diminuir o desperdício e essa filosofia atua de forma a buscar utilizar o mínimo de recursos, reduzindo ou até eliminando atividades que não agregam valor.

ção", mas ressaltam que essa ideia pode ser estendida para qualquer tipo de recursos, por exemplo, clientes (quando utilizamos o termo "fila") ou informações (os bancos de dados).

A existência de armazenagem é decisiva para todo e qualquer tipo de operação na medida em que garantem o rendimento e eficácia à operação, mas claramente eles têm importância e significado diferentes dependendo da operação.

Sobral e Peci (2013) afirmam que mais de 50% dos gastos dos bancos são com materiais e serviços terceirizados. Não bastasse a importância financeira para as empresas, temos aspectos estratégicos a considerar.

Uma empresa cuja matéria-prima seja o petróleo ou seus derivados sempre terá problemas de aquisição em um instável mercado internacional, deverá avaliar suas operações com correta gestão de seus estoques.

Além disso, um mesmo item tem importâncias diferenciadas conforme a natureza do trabalho.

Materiais de limpeza, por exemplo, têm importância bem menor numa fábrica de eletroeletrônicos do que numa empresa de faxina industrial. E, portanto, serão administrados de modo apropriado a cada trabalho.

Como visto, o material flui ao longo da cadeia produtiva com eventuais estoques em cada um de suas etapas. Esses acréscimos são essenciais em parte, mas em outra parte podem ser resultados de incapacidades e deterioração dos sistemas. Esses estoques, essenciais ou não, têm resultado acentuado sobre a saúde financeira das empresas e esse impacto pode variar de acordo com a disposição do estoque na cadeia produtiva.

Assim, essas três funções, finanças, marketing e produção, de modo algum chegarão a um entendimento, sendo necessária a atuação de uma atividade harmonizadora, constantemente chamada de administração dos materiais, para se estabelecer precisamente níveis e políticas de estocagem. Recomenda-se que essa atividade não se atribua numa organização a nenhuma das funções mencionadas (finanças, marketing e produção), para garantir isenção e objetividade.

Os estoques se apresentam também em distintos tipos, de acordo com sua utilidade específica. Temos várias formas diferenciadas de classificação, que podem ser utilizadas, mas as mais comuns dividem os estoques nos seguintes tipos:

- **Estoque de segurança ou estoque isolador ou, ainda, estoque de proteção**: é usado para suprir as incertezas que envolvem o abastecimento e a demanda, separando ou socorrendo operações. É, na verdade, uma segurança da operação contra motivos que não podem ser monitorados. É um valor que pode ser estatisticamente definido em função do histórico de eventos. Esse estoque, apesar de muitas vezes essencial, é de certa forma causador por um custo sem benefício em longo prazo, isso porque em média é como se ele não fosse necessário, mas provocasse custos.

- **Estoque de ciclo ou em processo**: sucede quando há irregularidade entre as fases de uma operação. Imagine, por exemplo, que a produção de uma peça precise passar por um torno automático. Para montar esse torno e fazê-lo operar economicamente é essencial que se trabalhe com lotes grandes. Lotes pequenos são impraticáveis porque o tempo de preparação da máquina agravaria em muito o custo unitário de cada peça. Assim, quando o torno está pronto usinam-se grandes quantidades que depois ficam estocadas à espera do uso. Gera-se então um estoque de ciclo.
- **Estoques de antecipação**: compõem o fornecimento e procura em casos especiais quando eles estão muito separados no tempo. O exemplo clássico deste tipo de estoque são panetones de Natal, cuja demanda acontece em curto período de tempo, mas em volume grande. Caso a empresa decidisse produzir todos os panetones pouco antes do Natal, teria que ter uma operação enorme que a deixaria ociosa durante o resto do ano. Assim, ela antecipa partes da produção, como, por exemplo, a produção de chocolate, e finaliza o produto apenas pouco antes da ocorrência da demanda. Produtos com alta ocorrência de sazonalidade, como os panetones de Natal, ou Ovos de Páscoa, utilizam muito esse critério de antecipação.
- **Estoques no canal de distribuição**: pense que você seja um varejista de vestes masculinas. Em dado momento você efetua a compra de produtos de uma determinada confecção, mas a confecção não tem esse produto instantaneamente. Tem que esperar por ele algum tempo porque o provedor deve alocar o estoque para você, que a partir daí fica impossibilitado para qualquer outro varejista, guardar o produto em seu depósito de produtos, embalar, emitir nota fiscal, carregar o meio de transporte e transportar o produto até sua loja. Todo esse trajeto, desde o momento de alocação até a colocação do produto em sua loja, corresponde ao canal de distribuição. Usualmente é o que chamamos de material em trânsito.

Perceba a profundidade da administração de estoques objetivando obter eficiência e eficácia apropriadas. Não temos apenas alguns tipos de estoque, como também temos estoques de naturezas múltiplas e acontecendo em todos os pontos da cadeia produtiva, causando custos de difícil controle. Dessa forma, administrar os estoques pode ser resumido e esquematizado em três grandes decisões:

- Quanto pedir, qual o volume de material que devemos adquirir em cada ressuprimento.
- Quando pedir, em que momento do nível de estoque nós devemos colocar o pedido de aprovisionamento.

- Como controlar o processo, como garantir que os sistemas e regras permaneçam adequados no tempo, não possibilitando o dano ao sistema e consequentemente sobre a estocagem.

A partir de agora analisaremos cada uma dessas dimensões.

7.3. Estoque dentro das empresas e entre os elos da cadeia de suprimentos

Como visto previamente, a administração de uma cadeia de suprimentos está ligada à análise e ao seguimento dos fluxos reais, em especial ao fluxo de abastecimento. Um fluxo regular indica um seguimento adequado da cadeia. Pontos de irregularidades indicam complicações. Esses pontos irregulares estão relacionados aos estoques, seja por excesso ou pela falta de material.

Assim, a administração e análise de uma cadeia de suprimentos estão ligadas à análise da armazenagem ao longo de seus elos. Acumulações de itens ou a sua falta indicam complicações operacionais nas ligações envolvidas. Atuando nas alterações encontradas, gerenciaremos a cadeia de suprimentos.

Como vimos previamente, dada cadeia produtiva ou determinado conjunto de ligações são propriedade de determinada empresa, sendo as demais ligações propriedades de outras empresas. A forma como se julga os estoques dentro de uma empresa e entre empresas apresenta diferenças interessantes.

Os estoques dentro das empresas são calculados a partir de determinações organizacionais estratégicas, financeiras e operacionais. Já os estoques entre as companhias precisarão de negociação, na qual os poderes exclusivos de barganha entre elas serão essenciais.

Observe a figura a seguir e imagine que as ligações tecelagem e confecção pertençam à mesma empresa.

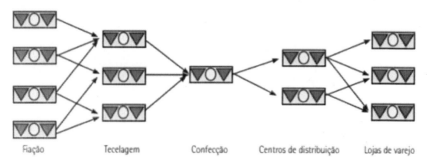

Figura 2 – Sistema de estoque multiescalonado.
Adaptada de: Slack, Chambers e Johnston (2002).

Nos estoques internos, as ligações na tecelagem e confecção são dimensionadas e controladas por meio de critérios que ajudam na eficiência e eficácia do procedimento em si. Por exemplo, as quantidades estocadas de fios antes do processo de tecer e a quantidade de tecido produzido serão estabelecidas tendo em vista as máximas eficiência e eficácia e o menor custo. A mesma coisa ocorre com o tecido estocado antes do início da confecção e a quantidade de vestuários produzidos. Mas e os estoques existentes entre os dois processos na figura representados pelas setas de fluxo?

Como estamos imaginando que ambos os processos pertencem ao mesmo "dono", esses estoques serão determinados tendo em vista ao aperfeiçoamento dos efeitos da empresa toda e não de cada elo. Explore o pensamento.

A tecelagem deseja produzir tecidos na quantidade de sua capacidade máxima e com a menor variedade possível. Caso ela tenha que produzir tecidos de várias cores, ela produzirá menos do que se produzisse tecido de uma única cor. Isso porque precisará mudar a cor dos fios, perdendo tempo em "*setup*[26]".

Já a confecção deseja ter estoques moderadamente pequenos, mas mais variados, por exemplo, tecidos de várias cores. Isso daria maior agilidade produtiva a ela.

Verifique que existe aí um conflito, que será solucionado tendo em vista o bem maior da organização e não de cada processo especificamente. Temos como exemplo, que a empresa pode decidir reduzir o número de cores e padrões oferecidos em seus figurinos para melhorar a eficiência da tecelagem.

Agora imagine o contrário, que a tecelagem pertença a um dono e a confecção a outro. Não será possível manter o raciocínio feito. Um elo não vai abrir mão de seus lucros para o outro elo para ser bondoso. Os estoques terão que ser, negociados. Em regra a empresa que tiver o absoluto poder de barganha vai impor seus interesses, mas se eles forem muito prejudiciais para o outro lado teremos um resultado de uma ação exatamente o contrário do que se esperava.

Toda empresa procura diminuir estoques passando para as etapas anterior ou posterior o encargo de guardá-los. No exemplo, a confecção deseja receber o tecido o mais próximo possível do momento de utilizá-lo na produção e liberar para os centros de distribuição os produtos assim que

---

[26] *Setup* são as atividades que antecedem a uma operação, seja para sua preparação, regulagem, troca de ferramentas, dispositivos, limpeza e outros, num processo industrial, pode ser também o tempo decorrido entre o final da produção de uma peça e o início da produção da próxima peça diferente, envolvendo nessa parcela de tempo toda a preparação para reiniciar o ciclo, ou seja, o tempo dispensado na preparação do equipamento para habilitá-lo ao reinício da atividade. (SHINGO, 2000)

estiverem prontos. Obviamente que os parceiros têm interesses contrários. A tecelagem deseja entregar o tecido assim que estiver pronto, e os centros de distribuição, receber os figurinos prontos só quando tiver clientes para eles. Essas divergências são impreteríveis e a maneira como serão resolvidos entregará maior ou menor valor para a cadeia de suprimentos vinculada.

Essas divergências geravam uma relação ganha-perde, ou seja, para o lado com maior poder de barganha ganhar o máximo, o outro grupo deveria perder. Essa relação tende a evoluir para uma relação ganha-ganha, em que os ganhos dos dois lados são equilibrados visando atribuir maior valor à cadeia de suprimentos.

Seja qual for a relação entre os elos da cadeia, as divergências tendem a causar estoques. Voltemos ao exemplo da tecelagem e confecção, de propriedades diferentes. A tecelagem produz continuamente um tecido com características previamente estabelecidas. À medida que o tecido vai ficando pronto, ele vai sendo estocado à espera de pedidos. Em dado momento a confecção faz um pedido desse tecido. A quantidade pedida então é separada, a documentação fiscal emitida, os transportadores são alocados e carregados e o tecido é enviado à confecção. Chegando à confecção o veículo é descarregado e o tecido disposto para inspeção de qualidade. Aprovada a qualidade, o tecido é enviado ao almoxarifado, onde fica aguardando o momento de ser utilizado.

Veja que temos três momentos de estocagem:

- Estoque de produtos acabados na tecelagem: é um estoque que diz respeito unicamente à organização proprietária da tecelagem em todos os seus aspectos: níveis de estocagem, localização, armazenagens, custos etc.
- Estoque de matéria-prima na confecção: é responsabilidade da confecção. Assim como o anterior, não afeta nem é afetado diretamente pelo elo relacionado.
- Estoque no canal de distribuição: acaba por ser responsabilidade dos dois lados, visto ser consequência das políticas individuais de cada empresa. Além disso, é um estoque sujeito a diversas variações aleatórias, tais como pedidos para separar antes do nosso, atrasos na emissão da nota fiscal, demora na chegada do transporte rodoviário, devido a muito trânsito ou acidentes nas estradas, demora no controle de qualidade etc. Esses fatores fazem com que o movimento desse estoque e mesmo dos outros dois aumente de quantidade para proteger as operações dessas indefinições.

Verifique como a armazenagem pode se tornar um dilema e como podem ocultar outros problemas mais graves. Mal geridos, os estoques acabam ocultando limitações e como resultado diminuindo a qualidade global dos sistemas.

A boa administração dos estoques inicia-se no correto ajustamento, e para tanto precisamos conhecer os custos em qualquer estocagem.

7.4. Custo de manter estoques e custo de repor estoques

Cada vez que uma organização necessita colocar uma unidade de um item qualquer em armazém ela incorrerá em custos. Se temos um custo de R$ 300,00 para manter dez unidades de um material em estoque, teríamos que ter um custo de R$ 900,00 para manter trinta unidades do mesmo material. Apesar de parecer lógico, não é isso que ocorre. O custo de armazenagem é constituído de parcelas diferentes, ou seja, algumas parcelas crescem de valor à medida que os estoques aumentam enquanto outras se reduzem. A determinação do ponto ótimo é feita através do conceito de *trade-off* [27].

Os estoques têm que ser periodicamente repostos à medida que são consumidos. Essa reposição é feita normalmente em lotes iguais às quantidades gastas. Conseguimos fazer essa reposição mais ou menos vezes, gerando maior ou menor custo. Pense em um exemplo de nosso dia a dia. Na sua casa você consome diariamente um litro de água. Você tem que repor a água consumida. Pode fazer isso comprando no mercado todos os dias um litro de água, mas você pode também ir ao mercado e comprar 30 litros de água, que atenderá a todo o consumo mensal. As duas opções têm vantagens e desvantagens.

Caso você compre um litro de água por dia, provavelmente desembolsara mais e terá mais locomoções; já se comprar o consumo do mês todo, terá que imobilizar o valor total da água de uma vez no começo do mês. O que é mais vantagem? Depende de cada situação particular.

A análise *trade-off* é feita constatando que o custo total de estocagem (Ce) é o resultado da soma de diversos custos que podem ser agrupados em duas grandes categorias: custos de repor os estoques e custos de manter os estoques. Conheceremos cada um deles a seguir.

O custo de reposição de estoque (Cp) diz respeito aos custos que reduzem com o aumento dos níveis de estocagem, ou seja, se a empresa estoca quantidades maiores, esses custos serão menores. É formado por:

- Custos de colocação de pedidos: cada vez que um pedido de reposição é feito por transações necessárias, apontam custos. A compra de um item de terceiros necessita de uma série de operações

---

[27] O *trade-off* é o nome que se dá a uma decisão que consiste na escolha de uma opção em detrimento de outra. Os *trade-offs* referem-se às trocas compensatórias entre o aumento em algum custo logístico e a diminuição em outro custo logístico e/ou o aumento no nível de serviço ao cliente.

burocráticas, como envio de ordens de compra, tramitação dessas ordens pela empresa, operações de compras como cotações e negociações, emissão e recepção de documentos etc. A produção de um item de estoque internamente pode transferir custos de *"setup"* devido à preparação de equipamentos e máquinas. Esses custos acontecem cada vez que se coloca um pedido; portanto, se os pedidos forem maiores, serão ao longo do tempo em inferior número, como quando você vai ao mercado comprar água uma única vez por mês, economizando muitos deslocamentos.

- Custos de descontos de preços: frequentemente a aquisição de maior quantidade de um determinado item significa uma redução do preço unitário desse produto por conveniência do vendedor, ou então, ao se aprontar uma máquina para produzir um item de estoque, a produção de um lote maior diminui o custo unitário. Assim, pedidos em lotes maiores tendem a apresentar custos unitários menores. É o caso de comprar toda a água necessário para um mês de uma única vez em um atacadista.

- Custos de falta de estoque: ficar sem estoque de um determinado SKU[28] é um dos piores tormentos dentro de uma organização, seja qual for a natureza do SKU. A falta de material se apresenta de alguma forma diretamente nos clientes, seja porque não podemos atendê-los no instante necessário, seja porque não podemos produzir algo necessário para uma assistência futura. Atinge tanto a eficiência como a eficácia da operação e mesmo os resultados financeiros e estratégicos das organizações. Lotes menores de aquisição implicam um maior risco que isso ocorra e, portanto, desta perspectiva lotes maiores correspondem a custos menores (ou riscos menores). Caso você compre um litro de água por dia, existe um risco razoável de você não ter água para beber no final da noite. Adquirindo em lotes maiores, esse risco inexiste.

O custo de manutenção em estoque (Cm) diz respeito aos custos que crescem com a adição maior dos níveis de estoque, ou seja, se a empresa estoca quantidades superiores, esses custos serão mais relevantes aos anteriores.

É formado por:

- Custos de capital de giro: é o custo que provavelmente ocorre mais constantemente e o mais facilmente mensurável. Corresponde ao

---

[28] SKU é a sigla para Stock Keeping Unit (unidade de manutenção em estoque), que designa os diferentes itens em estoque. Com frequência um determinado produto pode ter vários SKUs. Camisetas numa confecção, por exemplo, terão estoques para cada tamanho e cada cor. Cada tamanho particular numa determinada cor é um SKU e será administrado isoladamente dos demais SKUs.

custo de manter um capital armazenado e, portanto, indisponível. Imagine que mantenha em provisão ao longo de um tempo um SKU no valor de R$ 200,00. Esse valor fica bloqueado, não pode ser utilizado para nenhum outro interesse, o que representa um custo monetário, visto que é possível ter que pagar juros ao banco se não possuirmos o dinheiro ou então, se tivermos o dinheiro, privar-se da oportunidade de investir em outras áreas. Além disso, temos que ter em pensamento o denominado ciclo operacional, que é a diferença de tempo entre pagarmos nossos fornecedores e recebermos de nosso cliente. É um período no qual também temos que ter capital de giro e que está muito associado com os princípios de estocagem.

- Custos de armazenagem: são custos relacionados à armazenagem física dos estoques. São capazes de representar custos mais ou menos graves dependendo do tipo dos produtos estocados. Armazenagem de produtos deterioráveis, como leite ou carne, por exemplo, pode representar importante custo com energia elétrica para refrigeração, a iluminação e a própria depreciação dos equipamentos. Armazenagem de itens de alto valor monetário (como metais preciosos, por exemplo) também pode ser muito custosa.

- Custos de obsolescência: grandes quantidades estocadas estão sujeitas à obsolescência, ou seja, a perder a finalidade depois de certo tempo. Isso acontece com produtos de moda (como, por exemplo, tecidos com a cor da moda numa confecção) ou com produtos que se estragam, como todos os alimentos, certos tipos de produtos químicos (como, por exemplo, as tintas) etc.

- Custos de ineficiências de produção: como vimos previamente, estoques funcionam como proteção para a produção, mas como consequência muitas vezes escondem problemas e ineficiências que vão crescendo continuamente. Estoques muito grandes muitas vezes escondem e causam custos desnecessários. Os custos de reposição de estoques e os custos de manutenção em estoque são diferentes, aumentam e diminuem de modo contrário com o aumento e a diminuição das quantidades estocadas.

Calcular o nível de estocagem consiste em encontrar o ponto de equilíbrio entre esses dois grupos de estoque.

8. DIMENSIONAMENTO DOS ESTOQUES

O comportamento do estoque de um item ao longo do tempo gera um gráfico conhecido como "dente de serra", apresentado na figura a seguir:

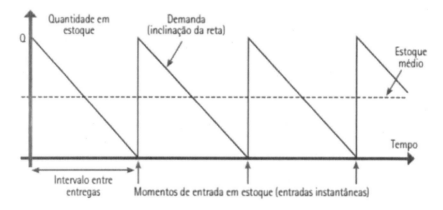

Figura 3 – Gráfico dente de serra
Adaptada de: Slack, Chambers e Johnston (2002).

Esse modelo é teórico e serve para avaliarmos matematicamente os níveis de estocagem. Conceitua-se que Q é a quantidade de material ou equipamento que transita em estoque a cada pedido atendido do item analisado. Q pode assumir qualquer valor, contudo, como veremos a seguir, existe uma quantia para o qual os custos serão mínimos. Encontrar esse valor é, portanto, nossa tarefa.

Executado para um estipulado SKU, constata-se que num instante zero entre em armazém um determinado volume Q de material, que passa a ser utilizada com uma demanda (D) regular, graficamente definida pela reta inclinada. Dependendo da taxa de demanda, a reta seria mais ou menos inclinada, contudo, seja qual for a inclinação, após um estipulado tempo o estoque chegaria a zero. Esse tempo (tR) é dado pela razão Q/D. No momento em que o estoque chega a zero, uma nova remessa chega e o estoque total volta à quantidade Q original e uma nova etapa se inicia. O nível de estocagem varia, entre um máximo de Q e um mínimo de zero, mostrando um estoque médio igual a Q/2.

Esse modelo tem como variação a porção de material que entra em estoque a cada renovação, simbolizada pela letra Q. Essa quantidade pode assumir qualquer valor. Você pode ir uma única vez ao supermercado e comprar a água quantidade para todo o mês ou pode comprar apenas a quantidade indispensável para aquele determinado dia. É simples compreender que as duas opções retratam características diferentes e custos desiguais. Conclui-se que exista uma estabelecida quantidade que apresenta o mínimo custo total possível. É o chamado lote econômico de compra (LEC).

9. LOTE ECONÔMICO DE COMPRAS

Imagine que uma gráfica usa tinta azul em suas atividades. A demanda histórica dessa tinta é de 10 mil litros por ano. Toda vez que a empresa precisa repor o estoque, incide em custos de reposição da ordem de R$ 50,00 por reposição. E para manter esse estoque ao longo de 1 ano a gráfica gasta R$ 4,00 para cada litro de tinta armazenado.

Temos que lembrar que o custo de reposição de estoques é a parcela formada pela soma de:

- Custos de colocação de pedido.
- Custos de descontos de preços.
- Custos de falta de estoque.

Portanto, no caso: Cp = R$ 50,00 por reposição feita.

Já o custo de manutenção de estoques é formado por:

- Custos de capital de giro.
- Custos de armazenagem.
- Custos de obsolescência.
- Custos de ineficiência da produção.

Portanto, no caso: Cm = R$ 4,00 por ano é por litro.

Obviamente o custo total é o total das duas parcelas, CT = Cp + Cm, e pretendemos que seja o mínimo possível.

Imagine que o setor de administração de materiais tenha dois planos em pensamento. No primeiro plano a empresa compra essa tinta azul em lotes de 100 litros e no segundo plano em lotes de mil litros: o que seria preferível economicamente?

A questão é quanto custaria cada plano. Primeiro vamos analisar os custos de reposição de estoques.

No primeiro plano será necessário fazer ao longo do ano cem reposições:

$$f_R = \frac{D}{Q} \quad \frac{10.000}{100} = 100 \text{ onde } f_R \text{ é a frequência de reposições}$$

Cada uma das reposições custará R$ 50,00, portanto anualmente iremos gastar 100 x 500 = R$ 5.000,00 em reposições. No segundo plano o custo seria bem menor:

$$f_{R} = \frac{D}{Q} \quad \frac{10.000}{1.000} = 10 \rightarrow \text{custo com reposições} = 10 \times 50 = R\$ 500,00$$

Obviamente o custo com renovação de estoque cai drasticamente com a diminuição do número de reposições. Quanto menos substituições, menor custo.

Mas, por outra perspectiva, iremos gastar mais com a conservação da tinta em estoque se fizermos compras muito grandes. Observe como fica:

Como compramos de 100 em 100 litros, o estoque variará de 0 a 100 litros, portanto um estoque médio de 50 litros. Como cada litro estocado nos custa R$ 4,00 por ano, o gasto anual seria de R$ 200. No segundo plano o estoque médio seria de 500 litros e, portanto, o custo total com manutenção em estoque seria de R$ 2.000,00. Como previsto, o custo se intensifica com o aumento das quantidades estocadas.

Assim o custo total para o primeiro plano seria de R$ 5.000 + R$ 200 = R$ 5.200,00 e para o segundo plano seria de R$ 500,00 + R$ 2.000,00 = R$ 2.500,00. Por consequência, o segundo plano é muito mais conveniente. Mas seria o mais conveniente? Ou será que temos um mais interessante?

A tabela a seguir reorganiza os cálculos expostos para os dois planos e para mais outros oito. Veremos o que acontece.

Tabela 1 – Cálculos expostos para os planos

Quantidade em litros de cada pedido	Custos com reposição em estoque	Custos com manutenção em estoque	Custo Total
Q	$\dfrac{D}{Q} \times C_p$	$\dfrac{Q}{2} \times C_m$	$Ct = \dfrac{D}{Q} \times C_p + \dfrac{Q}{2} \times C_m$
100	$\dfrac{10.000}{100} \times 50 = 5.000$	$\dfrac{100}{2} \times 4 = 200$	$CT = 5.000 + 200 = 5.200$
200	$\dfrac{10.000}{200} \times 50 = 2.500$	$\dfrac{200}{2} \times 4 = 400$	$CT = 2.500 + 300 = 2.900$
300	$\dfrac{10.000}{300} \times 50 = 1.667$	$\dfrac{300}{2} \times 4 = 600$	$CT = 1.667 + 600 = 2.267$
400	$\dfrac{10.000}{400} \times 50 = 1.250$	$\dfrac{400}{2} \times 4 = 800$	$CT = 1.250 + 800 = 2.050$

Quantidade em litros de cada pedido	Custos com reposição em estoque	Custos com manutenção em estoque	Custo Total
500	$\dfrac{10.000}{500} \times 50 = 1.000$	$\dfrac{500}{2} \times 4 = 1.000$	CT= 1.000+1.000= 2.000
600	$\dfrac{10.000}{600} \times 50 = 833$	$\dfrac{600}{2} \times 4 = 1.200$	CT= 833+1.200= 2.033
700	$\dfrac{10.000}{700} \times 50 = 714$	$\dfrac{700}{2} \times 4 = 1.400$	CT= 714+1.400= 2.114
800	$\dfrac{10.000}{800} \times 50 = 625$	$\dfrac{800}{2} \times 4 = 1.600$	CT= 625+1.600= 2.225
900	$\dfrac{10.000}{900} \times 50 = 556$	$\dfrac{900}{2} \times 4 = 1.800$	CT= 556+1.800= 2.356
1.000	$\dfrac{10.000}{1.000} \times 50 = 500$	$\dfrac{1.000}{2} \times 4 = 2.000$	CT= 500+2.000= 2.500

Observe a conduta do custo total. No primeiro momento vai diminuindo, chega a um menor valor e depois torna a ampliar.

Esse ponto mínimo coincide ao ponto de menor custo, portanto é o que tende a ser escolhido. No nosso exemplo, o LEC seria de 500 litros a cada compra, apresentando um custo total de R$ 2.000 ao ano. Esse comportamento fica mais claro com uma visão gráfica:

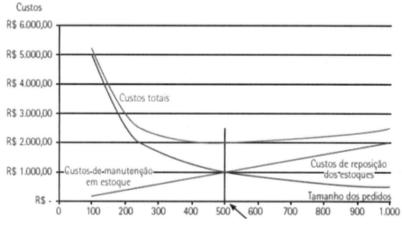

Figura 4 – Lote econômico de compra

Adaptada de: Slack, Chambers e Johnston (2002).

A maneira como analisamos o LEC não é a mais adequada. Seria um processo difícil para ser aplicado a uma quantidade muito grande de itens. Um tratamento matemático (chamado derivação) da função custo total permite determinar fórmulas de cálculo, como se vê a seguir:

A função custo total é dada por: custo total = custo de reposição em estoque + custo de manutenção em estoque.

Ou seja:

$$C_T = \frac{C_p D}{Q} + \frac{C_m Q}{2}$$

Através de um processo matemático (primeira derivada da função custo em relação à Q) determinamos o ponto mínimo da função dado por:

$$Q = \sqrt{\frac{2 \times C_p \times D}{C_m}}$$

Esse valor de Q corresponde ao LEC, e no caso em que se adota esse modelo teremos também:

Tempo decorrido entre dois pedidos (tempo de reposição):

$$t_r = \frac{Q}{D}$$

Quantidade de pedidos ou frequência de pedidos:

$$f_r = \frac{D}{Q}$$

O almoxarifado de uma construtora trabalha com o conceito de lote econômico de compras para alguns itens de seu estoque, entre eles, o cimento. A demanda mensal desse material é de 22 toneladas e cada pedido dele gera gastos para a empresa de R$ 250,00. O custo anual para manter esse material em estoque é de 15% do custo de compra, que é R$ 8.000,00 por tonelada. Quanto desse cimento a empresa deve pedir em cada reposição?

Temos as seguintes informações:

Demanda anual: D = 22 x 12 = 264 toneladas

Custo de reposição em estoque: Cp = 250,00

Custo de manutenção em estoque: Cm = 0,15 x 8.000,00 = 1.200,00

Desta forma, a quantidade do LEC seria dada por:

$$Q = \sqrt{\frac{2 \times C_p \times D}{C_m}} = \sqrt{\frac{2 \times 250,00 \times 264}{1.200,00}} = 10,4881 \text{ toneladas}$$

Seguramente a companhia não irá fazer solicitações com essa quantidade certa, e sim com um valor arredondado, possivelmente 10 toneladas por pedido. Caso faça isso, qual será o custo que terá com essa armazenagem?

$$C_T = \frac{C_p D}{Q} + \frac{C_m Q}{2} = \frac{250 \times 264}{10} + \frac{1.200 \times 10}{2} = 6.600 + 6.000 = 12.600,00$$

Perceba que as duas parcelas da soma anterior não são iguais. Isso só ocorreria se a quantidade adquirida fosse exatamente 10,4881 toneladas. Como se usou 10 toneladas como medida do lote, faremos um pouco mais de pedidos e manteremos um pouco menos de estoque, ou seja, não acompanharemos exatamente o recomendado pelos cálculos, e sim um valor mais conhecido.

Observe que o custo no caso em que o lote fosse exatamente o calculado (com todas as casas decimais) seria:

$$C_T = \frac{C_p D}{Q} + \frac{C_m Q}{2} = \frac{250 \times 264}{10,4881} + \frac{1.200 \times 10,4881}{2} = 6.293 + 6.293 = 12.586,00$$

Observando a aquisição em lotes de 10 toneladas, a periodicidade de pedidos seria de:

$$f_r = \frac{D}{Q} = \frac{264}{10} = 26,4 \text{ pedidos por ano, ou seja, } \frac{26,4}{12} = 2,2 \text{ pedidos por mês}$$

Portanto, a empresa deveria fazer um pedido a cada:

$$t_r = \frac{Q}{D} = \frac{10}{264} = 0,03788 \text{ ano ou } 0,45 \text{ mês ou 14 dias aproximadamente}$$

Observe que o modelo do LEC traz alguns princípios facilitadores que acomodam à maioria dos casos, mas que tem potencial de não acontecer realmente:

- O modelo considera que a entrada no material em estoque ocorre prontamente. Normalmente essa entrada é gradual e muitas vezes contínua.
- O modelo também acredita que o estoque nunca fica abaixo de zero. Quando ele chega a zero, sucessivamente ele é reposto. Por várias vezes falta um tipo de item e o consumidor tem que esperar um certo tempo para ser atendido.
- O modelo não prevê ocorrências nas quais os clientes não desejam ou podem aguardar.

Nesses casos atípicos, soluções devem ser procuradas para que o modelo se apresente aceitável.

9.1. Caso de reabastecimento gradual

O gráfico dente de serra fica diferente nessa situação, como mostra a figura a seguir:

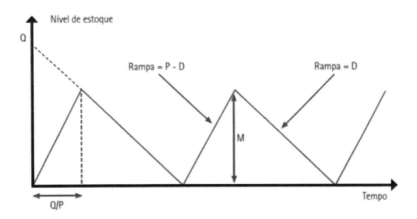

Figura 5 – Gráfico dente de serra em reabastecimento gradual

Adaptada de: Slack, Chambers e Johnston (2002).

Veja que aparece uma segunda rampa característica da reposição gradual. A declividade dela é dada pela diferença entre a produção do item e sua solicitação pelo cliente. Além disso, aparece a concepção de estoque máximo, sujeito à divergência de regularidade entre a demanda e a produção.

Sobre esse modelo, o critério que aplicamos ao modelo básico, estabelecemos a fórmula de cálculo do lote econômico, que para diferir do anterior passa a ser denominado como lote econômico de produção (LEP):

$$LEP = Q = \sqrt{\frac{2 \times C_p \times D}{C_m \left(1 - \left(\frac{D}{P}\right)\right)}}$$

Uma empresa de produtos eletrônicos tem uma linha de produção empenhada a seus diversos tipos de *chips* e tem como problema definir o tamanho dos lotes de produção. A demanda de cada tipo de *chip* é relativamente constante em 50 mil unidades por mês de 200 horas produtivas.

A linha de produção produz 2.500 unidades de *chips* por hora e leva duas horas para substituir de um tipo de *chip* para outro. O custo de *setup* (perda de produção) é R$ 250,00 por hora. O custo de manter em estoque um *chip* é estimado em R$ 0,10. Qual seria o tamanho do lote de produção adequado? Precisamos que:

D = 50.000 unidades por mês = $\frac{50.000}{200}$ = 250 unidades por hora

$C_p = 2 \times 250 = 500$; $C_m = 0{,}1$; $P = 2.500$

Isto posto, o lote econômico significaria:

$$LEP = Q = \sqrt{\frac{2 \times C_p \times D}{C_m\left(1 - \left(\frac{D}{P}\right)\right)}} = \sqrt{\frac{2 \times 500 \times 250}{0{,}1\left(1 - \left(\frac{250}{2.500}\right)\right)}} = 1.667 \text{ unidades}$$

9.2. Caso em que ocorre falta de estoque

No modelo básico do LEC imaginamos que no período em que o estoque chega a zero, rapidamente ele é renovado, mas nem sempre isso acontece na realidade. É possível que a demanda se prolongue após o estoque estar zerado, como mostra a figura a seguir:

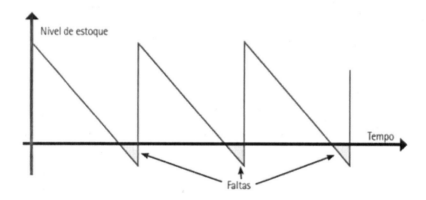

Figura 6 – Gráfico dente de serra em que ocorre falta de estoque
Adaptada de: Slack, Chambers e Johnston (2002).

Caso o consumidor esteja propenso a aguardar pelo atendimento, então essa demanda não atendida produzirá um "estoque negativo" que será cumprido assim que o estoque for reposto. O novo nível de estoque é considerado após o atendimento das pendências.

Obviamente essa falta de material trará certo tipo de resultado em termos de gastos. Esse gasto pode ser as perdas pela parada de produção, ou multas por demoras. Denominamos esses valores de custo por unidade de falta por período de tempo (CF).

Usando o mesmo raciocínio dos cálculos anteriores, o lote econômico passaria a ser calculado da seguinte forma:

$$Q = \sqrt{\frac{2 \times D \times C_p}{C_m}} \times \sqrt{\frac{C_p + C_m}{C_F}}$$

Uma empresa produz diversos tipos de produtos alimentícios similares que são vendidos no mesmo dia. O custo de manter em estoque é alto: R$ 0,50 por unidade e por dia, enquanto a mudança no processo de produção para passar de um tipo para outro é de R$ 60,00.

A demanda desses produtos é contínua e na ordem de 900 unidades por dia. Como a empresa não consegue entregar os produtos no mesmo dia, ela oferece ao cliente que esperar o dia seguinte uma bonificação de R$ 2,00 por unidade. Nessas condições pede-se:

A) Qual o tamanho do lote econômico desprezando o efeito das faltas de estoque?

B) Qual o tamanho do lote econômico considerando o efeito das faltas de estoque?

Do enunciado da situação-problema temos:

D = 900 unidades por dia; C_M = 0,50; C_p = 60,00

Dessa forma, se não considerarmos o efeito das faltas, teremos:

$$Q = \sqrt{\frac{2 \times C_p \times D}{C_m}} = \sqrt{\frac{2 \times 60,00 \times 900}{0,50}} = 465 \text{ unidades (resposta item A)}$$

Ao estimarmos as faltas, iremos nos sujeitar ao custo de: C_F = 2,00 devido à bonificação que deve ser paga, e o lote econômico fica sendo:

$$Q = \sqrt{\frac{2 \times D \times C_p}{C_m}} \times \sqrt{\frac{C_p + C_m}{C_F}} = \sqrt{\frac{2 \times 60 \times 900}{0,50}} \times \sqrt{\frac{60 + 0,50}{2,00}} = 1.800 \text{ unidades (resposta item B)}$$

9.3. Caso em que os clientes não podem esperar

É um caso exclusivo no qual pelo fato do cliente não poder esperar a eventual falta de produto tem sentido de perda da operação de comercialização, ou seja, perde-se a oportunidade de abastecimento do seu cliente. Slack, Chambers e Johnston (2002) chamam esse de problema do vendedor de jornais. Essa situação ocorre normalmente quando a comercialização é destinada a um evento específico. Nesses casos a delimitação do tamanho dos lotes é determinado pelo cálculo estatístico do valor esperado. O exemplo a seguir, adaptado de Slack, Chambers e Johnston (2002), ilustra bem esses cálculos.

Um vendedor de camisetas promocionais tem que decidir quantas camisetas especiais irá comprar para revendê-las em um show de rock. A partir de sua experiência em eventos anteriores ele estima que deverá vender entre 200 e 800 camisetas, com um lucro de R$ 50,00 cada uma. As camisetas que ele não vender, ele poderá devolver ao fornecedor, mas com uma perda de R$ 30,00 por camiseta. A tabela a seguir apresenta as probabilidades de demanda determinadas a partir de situações anteriores.

Tabela 2 – Probabilidades de demanda

Nível de demanda	200	400	600	800
Probabilidade de ocorrer	0,2	0,3	0,4	0,1

Quantas camisetas esse vendedor deve adquirir para depois comercializar no show?

Observe a seguinte situação: o vendedor adquire 600 camisetas, mas só consegue vender 400; o lucro dele seria de R$ 14.000,00 porque:

Tabela 3 – Decisão de compra

Linha	Descrição	Valor	Cálculo
A	Quantidade de camisetas adquiridas	600	
B	Quantidade de camisetas vendidas	400	
C	Lucro por camiseta vendida	R$ 50,00	
D	Lucro Obtido	R$ 20.000,00	Linhas b x c
E	Quantidade de camisetas devolvidas	200	Linhas a-b
F	Custo por camiseta devolvida	R$ 30,00	
G	Custo decorrente da devolução	R$ 6.000,00	Linhas f x g
H	**Lucro total e final**	**R$ 14.000,00**	Linhas d-g

Evidentemente que para cada decisão de aquisição e para cada demanda de fato ocorrida teremos lucros totais e finais diferentes. A tabela a seguir resume todos os possíveis lucros (ou prejuízos).

Tabela 4 – Probabilidade de lucros

Nível de demanda	200	400	600	800
Probabilidade	0,2	0,3	0,4	0,1
Pedido de 200 camisetas	10.000	10.000	10.000	10.000
Pedido de 400 camisetas	4.000	20.000	20.000	20.000
Pedido de 600 camisetas	-2.000	14.000	30.000	30.000
Pedido de 800 camisetas	-8.000	8.000	24.000	40.000

Perceba que se o pedido for de 200 camisetas o lucro esperado será de R$ 10.000,00 porque qualquer demanda que ocorra nos dará um lucro de R$ 10.000,00. Mas isso não é verdadeiro para as demais quantidades pedidas. O lucro esperado vai ser função da demanda efetivamente realizada.

Por exemplo, se a quantidade pedida for de 400 camisetas, o lucro esperado será de R$ 16.800,00 porque:

Lucro esperado =

4.000 x 0,2 + 20.000 x 0,3 + 20.000 x 0,4 + 20.000 x 0,1 = 16.800,00

De modo semelhante podemos calcular os lucros esperados para as diversas demandas possíveis.

A quantidade que dá o máximo lucro e, portanto, deveria ser a escolhida é de 600 camisetas, com um lucro total e final de R$ 18.800,00.

9.4. Críticas ao uso dos modelos de lote econômico

Apesar de os modelos de lote econômico serem válidos para grande parte das situações, eles não estão livres de críticas. Para que eles permaneçam relativamente simples é necessário assumir uma série de suposições como demanda regular, custos identificáveis e representativos e comportamento linear dessas dimensões, o que nem sempre acontece.

A demanda estável nem sempre é uma verdade, pode inclusive estar atenta em determinada situação, por exemplo, quando um livro é lançado. Conforme a sua natureza ele pode ser vendido em grandes quantidades no momento da apresentação ou então na linha ao longo do período. O comportamento de vendas de um novo romance não será o mesmo do lançamento de um novo dicionário. Mesmo para produtos de demanda mais estável ela pode não ser sequencial, com surgimento de sazonalidades e movimentos irregulares.

Os custos por sua vez nem sequer são verificáveis e tendem assim a se concentrar em uma das suas muitas partes. O custo de reposição do estoque traz grandes problemas práticos. Determinar o custo de fixar um pedido pode ser algo difícil ou impraticável.

O custo de administração do estoque frequentemente é mais mensurável, mesmo assim pode trazer problemas de equacionamento. Imagine uma operação funcional que utiliza como matéria-prima leite *in natura*. O leite deve ser estocado em câmaras frigoríficas de custos de construção e manutenção extremamente altos. Uma câmera tem uma certa capacidade de estocagem, que se for superada acarretará a utilização de outra câmara. Isso quer dizer que existe uma quantidade de estoque na qual o custo de armazenagem dá um salto considerável de valor. Esse salto causará uma descontinuidade no gráfico de lote econômico.

Em compensação, constata-se que poucos tipos de custos são fundamentais, por exemplo, o custo do capital de giro no custo de manutenção em estoque, e, assim, podemos nos centralizar neles eliminando os demais. Além do mais, como se nota na curva de custo total, o lote econômico se posiciona numa região relativamente plana da curva, o que quer dizer que variações no valor da quantidade armazenada produzem comparativamente pouco impacto sobre os custos totais.

Outro estado importante é o caráter danoso dos estoques nas operações produtivas. Estoques altos, mesmo que possíveis conjuntamente, trazem consequências significativas no funcionamento operacional.

Isso no conduz à crítica mais importante. O LEC é um tratamento mais reativo. Ele responde à pergunta: "qual a quantidade de pedido ótima?". Slack, Chambers e Johnston (2002) afirmam que muitos críticos consideram que a pergunta correta é: "como posso mudar a operação de modo a reduzir o nível de estoque que é necessário manter?". Desta forma, o cálculo do LEC não deve ser alguma coisa definida, mas descrição de um estipulado instante sobre o qual esforços de melhoria contínua devem ser empregados.

Suponha que a empresa empregue uma série de esforços no sentido de reduzir o *setup* dos produtos de uma linha de produção. Isso deslocará a curva do custo de pedir para baixo e como resultado diminuirá a quantidade do lote econômico.

9.5. Momento de colocação dos pedidos

Definida a quantidade do lote econômico, o passo seguinte é determinar como o ressuprimento acontecerá feito em termos de tempo, o quanto devemos pedir no momento em que o estoque da unidade chega a zero, e instantaneamente um novo lote recompõe a armazenagem no seu nível máximo. Para que isso ocorra, obviamente que o pedido deve ser feito um tempo antes. Em tese esse tempo é o *lead-time*[29] do pedido.

Na figura a seguir, temos um exemplo do comportamento teórico de um item cuja demanda é de 125 unidades por mês. O cálculo do LEC estabeleceu uma quantidade de pedido de 500 unidades. Assim, em 4 meses o pedido será totalmente consumido e deverá ser renovado. Suponha que o *lead-time* desse material seja de 2 meses. Teremos que adquirir um novo item quando tivermos em estoque 250 unidades (2 meses vezes 125 unidades por mês). Isso ocorrerá quase sempre no final do segundo mês após a chegada do primeiro lote. Esse critério é mostrado na figura a seguir:

---

[29] *Lead-time* é o lapso de tempo entre a colocação de um pedido e a efetiva disponibilização para uso do material envolvido. Então, se eu compro uma geladeira e se a tenho instalada e à minha disposição para uso, cinco dias depois dizemos que o *lead-time* dessa geladeira é de cinco dias.

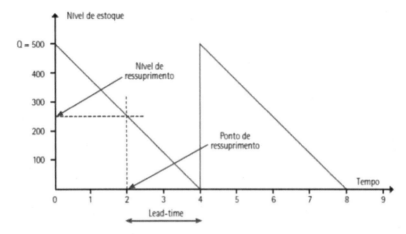

Figura 7 – Gráfico Lead-time
Adaptada de: Slack, Chambers e Johnston (2002).

Nesse caso devemos fazer um novo pedido quando a armazenagem chegar a 250 unidades, o que ocorrerá provavelmente no segundo mês, posteriormente no sexto, no décimo e assim por diante.

Usualmente temos o momento de suprir pelo nível de reabastecimento. Neste exemplo, faremos um novo pedido, repetidamente em que o estoque chegar a 250 unidades.

9.6. Estoque de segurança

Esse modelo pressupõe que tanto a demanda como o *lead-time* sejam imagináveis e seguidos, mas geralmente isso não ocorre, persistem variações e, assim, os valores são possíveis, o que converte em parte o raciocínio feito anteriormente. Como essas alterações, tanto de demanda como de *lead-time*, podem produzir faltas de itens para produção, o que tem que ser ignorado a todo custo, pede-se o item com prioridade, gerando uma sobre estocagem chamado como estoque de segurança.

O estoque de segurança será maior ou menor dependendo da antecipação com que os pedidos são realizados e da modificação das causas. Isso faz com que o estoque de segurança seja um fator de custo, mas, em média, é como se ele não fosse indispensável, o que é uma situação irritante. A figura a seguir demonstra o comportamento mais próximo de um material em estoque.

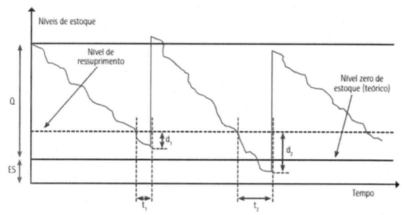

Figura 8 – Gráfico Estoque de segurança
Adaptada de: Slack, Chambers e Johnston (2002).

Veja que as variações apresentadas tanto no *lead-time* como na demanda fazem alterações em relação ao modelo teórico. Na primeira reposição mostrada no gráfico, a associação entre o *lead-time*[30] (t1) e a demanda (d1) faz com que a reposição seja realizada antes de o armazém estar zerado, ou seja, passamos a ter um novo estoque maior ao teórico. Já na segunda reposição, por causa de um maior *lead-time* (t2) e de um aumento da demanda (d2) o estoque chegaria a zero antes da reposição.

A segunda situação é operacionalmente mais difícil, pois pode expressar a paralisação da produção ou então não atendimento aos consumidores, algo a se fugir com dedicação. Daí aparece a ideia do estoque de segurança: uma quantidade mantida em armazém para ser usada nos tempos em que as variações de *lead-time* e demanda iriam produzir estoques negativos.

Perceba que em média o estoque de segurança tende a zero. Em alguns tempos temos abundância e em outros falta material, ou seja, ao longo do momento a média tenderá a zero, mas o custo de mantê-lo será sempre relevante.

Caso as diversas variações sejam reduzidas, o estoque de segurança fundamental será reduzido e obviamente os custos envolvidos diminuirão. É justamente analisando essas variações que os estoques de segurança são dimensionados.

---

[30] *Lead-time* é o tempo que um produto leva para chegar ao consumidor, desde o momento do pedido, passando por produção, despacho e entrega. Ou seja, *lead time* é o tempo gasto pelo sistema de produção para que a matéria-prima se transforme em item finalizado, pronto para entrega.

Utilizando conceitos estatísticos, as variações de demanda e de *lead-time* são consideradas possibilitando calcular a quantidade necessária de estoque de segurança para atender às faltas futuras dentro de um definido grau de serviço.

Grau de serviço é a porcentagem de atendimento na qual queremos operar, ou seja, a razão entre demanda atendida ou demanda necessária. Claramente que gostaríamos que essa razão fosse 100%, que toda a demanda exigida fosse atendida, mas isso não é possível porque ficaria muito dispendioso, por isso trabalhamos com um nível de serviço menor, tomando algum risco de não recepção.

Estatisticamente as variações de demanda e *lead-time* correspondem ao desvio padrão das médias esperadas. O quanto inferior forem essas variações, menor será o desvio padrão e portanto menos aceitável de faltar material e, consequentemente, menor a necessidade de estoque de segurança.

O dimensionamento do estoque de segurança é feito determinando um nível para o qual o perigo de não termos material é considerável dentro do grau de serviço escolhido.

9.7. Prioridades de estoque

Qualquer ferramenta de delimitação de estoques necessita da natureza e dimensão do item estocado.

O procedimento dado aos estoques de componentes eletrônicos em uma manufatura de computadores não utilizará os mesmos padrões que os materiais de escritório. Primeiro, porque os componentes eletrônicos são matérias-primas para o produto da empresa e os materiais de escritórios são produtos para a manutenção dos afazeres. Segundo, porque eles têm relevância econômica diferente dentro da empresa.

Alguns materiais poderão ter menor valor unitário, mas com uma taxa de uso alta, outros um valor alto, ainda que efetivamente utilizados em pequenas quantidades. Deste modo, é interessante associar os itens armazenados pelo seu resultado total, ou seja, a multiplicação do valor unitário pela quantidade média utilizada. Essa divisão segue a conhecida como Lei de Pareto e na maior parte das companhias gera três classes que receberão respostas diferentes, nos seus mais variados cenários.

Essas categorias são relacionadas no ambiente organizacional como classificação ABC, com as seguintes características:

- Classe A: compreende os 20% do item de mais alto valor que representarão aproximadamente 80% do valor total em estoque.
- Classe B: são itens de valor médio, usualmente correspondem a 30% dos itens em estoque que representam juntos 10% do valor total.

- Classe C: são os demais 50% dos itens armazenados que representam apenas 10% do valor total armazenado. São, portanto, os itens de mínimo valor.

A maneira como se administra um material depende da classe a que ele pertence. Por exemplo, um item classe A é muito mais monitorado do que um item classe C.

Possivelmente teremos que fazer análises semanais ou até diárias do item A e poderemos nos preocupar com um item C semestralmente ou até anualmente apenas.

Em compensação, um item classe C pode ter quantidades maiores em armazém, porque o custo unitário pequeno do item não impacta substancialmente no custo total. Já um item classe A estocado em quantidade acima do necessário representará aumento significativo de custo. Esse raciocínio é aplicado a todas as decisões sobre armazenagem.

A tabela a seguir relaciona os estoques de uma empresa química, com seus consumos anuais e preços de aquisição. A partir dela pede-se calcular:

A) Quais os itens classe A, os itens classe B e os itens classe C?
B) Quais os itens que deverão trabalhar com menores estoques de segurança?
C) Quais os itens que deverão ter um controle mais espaçado no tempo?
D) A empresa faz supervisão diária para alguns itens; mensal para outros e semestral para os demais. Informe em que categoria está cada SKU relacionado.
E) Mostrar graficamente a curva ABC.

Tabela 5 – Preço de aquisição

Código do Item em Estoque	Unidade Utilizada	Quantidade Consumida Anual	Preço de Aquisição
ABD	M	367	R$ 780,44
ARG	Kg	1.650	R$ 83,32
BHD	I	5.950	R$ 15,13
CTG	I	2.380	R$ 49,38
DWQ	ton.	108	R$ 3.182,44
GJS	unid.	630	R$ 182,72
HFD	unid.	16	R$10.024,69
KFR	Kg	1.125	R$ 101,84
KLG	Kg	68	R$ 4.370,38
KWD	I	135	R$ 763,79

Código do Item em Estoque	Unidade Utilizada	Quantidade Consumida Anual	Preço de Aquisição
LKJ	I	658	R$ 226,35
MET	ton.	10.560	R$ 8,10
PDR	kg	823	R$ 2.366,53
PLR	unid.	5.600	R$ 18,34
TYP	unid.	596	R$ 3.075,65
VBA	Kg	327	R$ 770,79
WIO	Kg	2.450	R$ 41,98
XPT	m3	536	R$ 5.557,40
YGB	m	4.500	R$ 22,61
YQDF	unid.	26.545	R$ 2,45

Para determinarmos as classes ABC vamos seguir os seguintes passos:
- Multiplicar para todos os itens a quantidade consumida anual pelo preço de aquisição.
- Ordenar os itens em ordem decrescente pelo custo anual total.

Iremos obter a tabela a seguir:

Tabela 6 – Valor Total anual

Código do Item em Estoque	Quantidade Consumida Anual	Preço de Aquisição	Valor Total Anual Quantidade x Preço
XPT	536	R$ 5.557,40	R$ 2.978.766,40
KLG	68	R$ 4.370,38	R$ 297.185,84
PDR	823	R$ 2.366,53	R$ 1.947.654,19
TYP	596	R$ 3.075,65	R$ 1.833.087,40
DWQ	108	R$ 3.182,44	R$ 343.703,52
ABD	367	R$ 780,44	R$ 286.421,48
VBA	327	R$ 770,79	R$ 252.048,33
HFD	16	R$ 10.024,69	R$ 160.395,04
LKJ	658	R$ 226,35	R$ 148.938,30
ARG	1.650	R$ 83,32	R$ 137.478,00
CTG	2.380	R$ 49,38	R$ 117.524,40
GJS	630	R$ 182,72	R$ 115.113,60
KFR	1.125	R$ 101,84	R$ 114.570,00

Código do Item em Estoque	Quantidade Consumida Anual	Preço de Aquisição	Valor Total Anual Quantidade x Preço
KWD	135	R$ 763,79	R$ 103.111,65
WIO	2.450	R$ 41,98	R$ 102.851,00
PLR	5.600	R$ 18,34	R$ 102.704,00
YGB	4.500	R$ 22,61	R$ 101.745,00
BHD	5.950	R$ 15,13	R$ 90.023,50
MET	10.560	R$ 8,10	R$ 85.536,00
YQDF	26.545	R$ 2,45	R$ 65.035,25

Evidentemente o item XPT é classe A, assim como o YQDF é classe C, mas e os demais? Quais são A ou B ou C?

Para responder a essas questões vamos, a partir da tabela anterior, calcular o custo total anual acumulado item a item. Por exemplo: o custo total anual acumulado para o item XPT é obviamente de R$ 2.978.766,06. Já o custo acumulado para os itens XPT e KLG é de R$ 5.315.951,74 (R$ 2.978.766,06 mais R$ 2.337.185,68). E assim sucessivamente.

Em seguida calculamos quanto representa percentualmente cada custo acumulado no total, assim como a participação dos itens acumulados no total de itens. Chegamos à seguinte tabela:

Tabela 7 – Valor acumulado

Código do Item em Estoque	Quantidade x Preço (R$)	Valor Acumulado	Porcentagem Acumulada de Valor	Porcentagem de Itens Acumulados
XPT	2.978.766,06	2.978.766,06	26%	5%
KLG	2.337.185,68	5.315.951,74	47%	10%
PDR	1.947.654,73	7.263.606,47	64%	15%
TYP	1.833.086,81	9.096.693,28	80%	20%
DWQ	343.703,78	9.440.397,06	83%	25%
ABD	286.419,44	9.726.816,50	85%	30%
VBA	252.049,44	9.978.865,94	87%	35%
HFD	160.395,10	10.139.261,04	89%	40%
LKJ	148.938,30	10.288.199,34	90%	45%
ARG	137.481,51	10.425.680,85	91%	50%

Código do Item em Estoque	Quantidade x Preço (R$)	Valor Acumulado	Porcentagem Acumulada de Valor	Porcentagem de Itens Acumulados
CTG	117.530,89	10.543.211,74	92%	55%
GJS	115.116,10	10.658.327,84	93%	60%
KFR	114.567,93	10.772.895,77	94%	65%
KWD	103.111,13	10.876.006,90	95%	70%
WIO	102.859,23	10.978.866,13	96%	75%
PLR	102.725,91	11.081.592,04	97%	80%
YGB	101.754,41	11.183.346,45	98%	85%
BHD	90.005,50	11.273.351,95	99%	90%
MET	85.536,00	11.358.887,95	99%	95%
YQDF	65.035,25	11.423.923,20	100%	100%

Observe como os cálculos foram feitos. Vamos exemplificar com o item TYP.

Coluna quantidade x preço:

Valor total anual = quantidade x preço = 596 x 3.075,65 = 1.833.086,81

Coluna valor acumulado: somatório dos itens de maior valor até o item considerado:

2.978.766,06 + 2.337.185,68 + 1.947.654,73 + 1.833.086,81 = 9.096.693,28

Coluna porcentagem acumulada de valor: divisão do valor total anual de cada item pelo valor total anual de todos os itens.

Porcentagem acumulada até item TYP = $\dfrac{9.096.693,28}{11.423.923,56} = 0,796 \approx 80\%$

Coluna porcentagem de itens acumulada: o material TYP é o quarto na ordem de importância, entre 20 itens, portanto 20% dos itens têm valor maior ou igual ao valor do TYP.

Porcentagem de itens acumulada até item TYP $\dfrac{4}{0,20} = 0,20 = 20\%$

Aplicando a Lei de Pareto na tabela, determinamos as classes e podemos responder às questões formuladas:

Tabela 8 – Determinação das classes

Código do Item em Estoque	Quantidade x Preço (R$)	Valor Acumulado	Porcentagem Acumulada de Valor	Porcentagem de Itens Acumulados	Classe
XPT	2.978.766,06	2.978.766,06	26%	5%	A
KLG	2.337.185,68	5.315.951,74	47%	10%	A
PDR	1.947.654,73	7.263.606,47	64%	15%	A
TYP	1.833.086,81	9.096.693,28	80%	20%	A
DWQ	343.703,78	9.440.397,06	83%	25%	B
ABD	286.419,44	9.726.816,50	85%	30%	B
VBA	252.049,44	9.978.865,94	87%	35%	B
HFD	160.395,10	10.139.261,04	89%	40%	B
LKJ	148.938,30	10.288.199,34	90%	45%	B
ARG	137.481,51	10.425.680,85	91%	50%	B
CTG	117.530,89	10.543.211,74	92%	55%	C
GJS	115.116,10	10.658.327,84	93%	60%	C
KFR	114.567,93	10.772.895,77	94%	65%	C
KWD	103.111,13	10.876.006,90	95%	70%	C
WIO	102.859,23	10.978.866,13	96%	75%	C
PLR	102.725,91	11.081.592,04	97%	80%	C
YGB	101.754,41	11.183.346,45	98%	85%	C
BHD	90.005,50	11.273.351,95	99%	90%	C
MET	85.536,00	11.358.887,95	99%	95%	C
YQDF	65.035,25	11.423.923,20	100%	100%	C

Respondendo às questões:

A) Quais os itens classe A, os itens classe B e os itens classe C?

Quadro 1 – Distribuição das classes

Classe A	Classe B	Classe C
XPT	DWQ	CTG
KLG	ABD	GJS
PDR	VBA	KFR
TYP	HFD	KWD

Classe A	Classe B	Classe C
	LKJ	WIO
	ARG	PLR
		YGB
		BHD
		MET
		YQDF

B) Quais os itens que deverão trabalhar com menores estoques de segurança?

Os itens classe A, porque são mais caros e como resultado gerarão custos maiores com estoques de segurança, ou seja, os SKUs XPT, LG, PDR e TYP. A menor proteção será compensada com a melhor e mais dedicada administração desses itens.

C) Quais os itens que deverão ter um controle mais espaçado no tempo?

Os itens classe C, porque sendo menos elevados poderão ter estoques de segurança mais altos e desta maneira necessitam de menos atenção. Ou seja, os SKUs CTG, GJS, KFR, KWD, WIO, PLR, YGB, BHD, MET e YQDF. Não é necessária muita atenção a esses itens ao longo do tempo.

D) A empresa faz supervisão diária para alguns itens; mensal para outros e semestral para os demais. Informe em que categoria está cada SKU relacionado.

Quadro 2 – Categoria de cada SKU

Controle Diário	Controle Mensal	Controle Semestral
XPT	DWQ	CTG
KLG	ABD	GJS
PDR	VBA	KFR
TYP	HFD	KWD
	LKJ	WIO
	ARG	PLR
		YGB
		BHD
		MET
		YQDF

E) Mostrar graficamente a curva ABC.

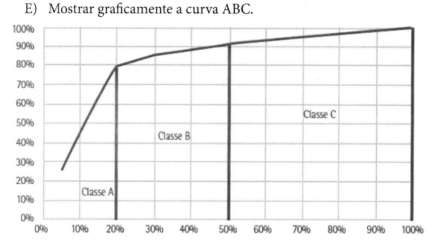

Figura 9 – Gráfico Curva ABC
Adaptada de: Slack, Chambers e Johnston (2002).

9.8. Natureza da demanda

A disposição do estoque é feita pelos critérios conhecidos como lotes econômicos é adequado quando o item tem uma demanda independente. O que representam demandas dependente e independente?

Analise a demanda de pneus automobilísticos como exemplo. Uma parte de sua demanda depende da quantidade de carros que serão produzidos na unidade de tempo. Essa demanda é dependente, depende da produção da montadora cliente da manufatura de pneus. Mas existe também uma parte da demanda de pneus que é independente, a demanda do mercado de reposição.

Perceba como a determinação do valor da demanda é radicalmente diferente dependendo do tipo de demanda. Quando a demanda é dependente, o valor é altamente previsível e bastante constante.

É a porção solicitada pelo cliente, de modo formal e com pequenas variações, protegida por contratos ou pelo menos documentação básica. Para a fábrica de pneus é, portanto, um dado bastante garantido a partir do qual ela pode efetuar todo o seu planejamento e domínio da produção.

Já o mercado de reposição de pneus apresenta uma variável muito maior. Os pneus serão usados de acordo com acidentes e, portanto, a demanda será pouco definida e presumível.

Talvez no período de chuvas ocorram mais acidentes automobilísticos e consequentemente a demanda aumente, mas não é algo fácil de antecipar.

A demanda independente é normalmente determinada por ferramentas estatísticas baseadas no histórico das demandas passadas. Apesar de que ferramentas estatísticas podem nos conduzir a informações bastante confiáveis, serão obrigatoriamente probabilidades e não valores reais.

O dimensionamento da armazenagem, na ocasião em que temos demandas independentes, é feito utilizando os critérios de lote econômico, já o dimensionamento quando a demanda é dependente utiliza os conceitos do MRP[31].

---

[31] O MRP (Material Requirement Planning) faz a gestão da necessidade de materiais dentro de um processo de fabricação. Este conceito nasceu na década de 60 e hoje é tratado como MRP.

10. PLANEJAMENTO DAS NECESSIDADES DE MATERIAIS E RECURSOS (MRP)

Originalmente a sigla MRP era abreviatura de *Material Requirement Planning* (planejamento das necessidades de materiais), mas com o tempo passou para *Manufacturing Resource Planning*[32]. Para diferenciá-los utilizam-se as siglas MRP *Manufacturing Resource Planning* I (MRP um) e MRP *Manufacturing Resource Planning* II (MRP dois), respectivamente.

O MRP I, cuida das necessidades de matérias-primas das operações, enquanto o MRP II[33] atua sobre todas as imposições de manufatura (capital; mão de obra; localizações; equipamentos; etc.).

O conceito básico é o mesmo para os dois: a partir da especificação da composição de um determinado produto (matéria-prima no caso do MRP I e também das demais matérias-primas no caso do MRP II) estabelecem-se as carências se multiplicando a quantidade de produtos a serem produzidos em um estipulado espaço de tempo.

O uso do MRP acelera-se na década de 1960 em razão do crescimento da informática e das telecomunicações, que possibilitaram a realização de grandes quantidades de cálculos e a rápida coleta de informações. Mesmo operações simples demandam uma quantidade elevada de cálcu-

---

[32] A sigla vem do inglês e significa Manufacturing Resource Planning ou, em português, Planejamento de Recursos de Produção. Bastante usado para controle e gestão de recursos, o sistema MRP é um software importante para o cotidiano das indústrias, com produção em larga escala.

[33] O MRP II é um conceito estendido ao MRP I, que significa "Manufacturing Resource Planning", que no português seria algo como planejamento dos recursos necessários para executar um plano mestre de produção.

los e informações impossíveis de serem manuseadas sem recursos tecnológicos avançados.

O MRP *Manufacturing Resource Planning* é um software que efetua cálculos usados para administrar as quantidades de todos os componentes obrigatórios para fazer os produtos de uma manufatura. Ele calcula os estoques e determina os tempos em que é urgente comprar cada item de um produto, com base nas suas carências e base da fábrica. Sai finalidade é preservar a base funcionando sem limites ou falta de material. Assim, esse software ajuda a aprimorar métodos que atuam na programação de utilização e compra de cada item, prevendo também sua produção.

Ele reúne cada informação trazida para criar uma prática de compra e produção de modo puro, sem ter recursos em excedente ou escassez. Para computar com eficiência, o MRP *Manufacturing Resource Planning* utiliza três informações básicas: demanda, lista de materiais e saldo de estoques:

- Demanda: quantia de produto que é vendida e suas previsões de vendas em um estipulado período;
- Lista de materiais: composta por todos os materiais que são necessários para a produção de um determinado item;
- Saldo de estoques: quantidade em armazenagem do produto final e de cada item em estoque na empresa.

A cada informação, o software realiza o cálculo, indicando ordens de produção e compras de matéria-prima, de acordo com as previsões de venda de cada produto.

O sistema determina um estoque de segurança e pontos de reposição de cada material, limitando as possibilidades de perda ou excesso de cada um e auxiliando os administradores na tomada de decisão de compra de estoque e no andamento de produção dos produtos.

Os dados de entrada do MRP *Manufacturing Resource Planning* I podem ser agrupados em três diferentes categorias:

- Programa mestre de produção.
- Especificação do produto.
- Controle dos estoques.

10.1. Programa mestre de produção

O programa mestre de produção, representado pela sigla em inglês MPS *Master Production Schedule*[34], é o documento que estabelece as ne-

---

[34] Um programa mestre de produção (MPS) é um cronograma de construção antecipado para a fabricação de produtos ou opções de produtos. É um componente importante dos sistemas de planejamento de produção, como os sistemas de planejamento de requisitos de material (MRP).

cessidades de produção em termos de quantidade e prazo, apoiando as informações dos pedidos e da previsão de vendas.

Compreende-se por carteira de pedidos as quantidades compromissado pelos clientes, isto é, pedidos de compra colocados, enquanto as previsões de vendas são efeito de pesquisas de mercado.

Um dos maiores problemas logísticos é harmonizar demanda e capacidade, separados muitas vezes por grandes espaços de tempo.

Pense, por exemplo, o negócio moda praia (biquínis, maiôs, sungas etc.). A efetiva necessidade ocorre nos meses de verão ou pouco antes, no Brasil, de novembro a fevereiro. Nesses meses é necessário que os biquínis, maiôs, e sungas estejam disponíveis para os consumidores nos pontos de venda. Mas para que um biquíni esteja disponível para venda na loja no mês de janeiro é necessário que uma série de processos tenha sido produzida.

Podemos supor que o tal biquíni foi produzido durante o mês de dezembro do ano anterior, um mês antes, portanto. Esse mês é necessário para o biquíni ser produzido e embarcado para o ponto de venda.

Para que em dezembro o biquíni seja produzido, é necessário que o tecido esteja à disposição do setor produtivo, para tanto é necessário que ele seja comprado da tecelagem algum tempo antes. Suponhamos que para a chegada do tecido no começo de dezembro precisaremos comprá-lo no começo de novembro, devido ao *lead-time* específico. Mas qual tecido comprar no começo de novembro? E mais, quanto tecido comprar?

Para saber o pano a ser adquirido é necessário que o tecido tenha sido perfeitamente especificado.

Lembre-se de que os biquínis podem ter de várias cores e estampas distintas, gerando uma quantidade grande de SKUs. Além disso, cada tamanho de biquíni gasta uma quantidade diferente de tecido. Precisamos então conhecer em novembro quantos artigos de cada SKU iremos vender em janeiro.

Em novembro, quando formos adquirir o pano, é possível que certa quantidade de produtos já tenha sido vendida aos lojistas, mas é provável que tenhamos que conhecer o mercado e elaborar antecipação da programação de vendas que podem ou não se concretizar. Um verão mais quente, com tempo firme, poderá aumentar as vendas dos vestuários de praia, já um verão chuvoso e frio reduzirá as quantidades demandadas.

O programa mestre de produção deve ser suprido com essas duas informações, que são processos e se alteram frequentemente. Em um mundo perfeito a previsão de vendas de determinado artigo, é feita meses antes do concreto consumo, se transforma por toda a extensão em portfólio de vendas e todo o planejamento ocorre sem grandes obstáculos. No mundo real, parte da estimativa de vendas não é precisa, e parte dela não se concretiza em carteira de vendas.

Analise a profundidade do assunto. Meses antes da comercialização de um produto, por exemplo, o tal biquíni ou sunga, o departamento de marketing prevê que serão vendidas 2 mil unidades. Suponhamos que o prognóstico é de que serão vendidos biquínis nas cores verde, vermelha, branca e azul, 500 itens de cada. O programa mestre de produção tem apenas essa informação como base para sua elaboração. À medida que o tempo anda, parte dessa previsão é efetivada com pedidos; digamos que um mês depois já tenhamos vendidos 70 biquínis vermelhos, 40 verdes, 200 azuis e 500 brancos. Repare que o mix de vendas não está saindo conforme o previsto, estamos vendendo mais biquínis brancos que o esperado e menos biquínis verdes.

Isso vai afetar no programa mestre e o que nos vai levar a fazer alterações (que nem sempre serão possíveis, pois não há como adquirir mais tecido branco).

Terminado o verão, talvez mostremos as vendas de menos do que 2 mil biquínis e num mix diferente do esperado. É possível que tenhamos terminado o período de vendas com estoques de umas cores e falha de outras.

A solução para aproximar previsões de realidade é a velocidade de ciclo e a versatilidade dos processos.

Além da previsão de pedidos e da carteira de vendas, demais necessidades operacionais devem ser respeitadas e, assim, fazer parte do programa mestre de produção. Slack, Chambers e Johnston (2002) elencam as demandas, além das duas citadas:

- Demanda de empresas coligadas.
- Demanda de pesquisa e desenvolvimento.
- Necessidades de feiras, exposições e promoções.
- Necessidades de estoques de segurança.
- Demanda de peças de reposição.

Além disso, os autores elencam interferências a serem consideradas:

- Restrições de capacidade.
- Níveis de estoque.

Como, por exemplo, podemos ter problemas em conseguir o tecido da cor branca, o que seria uma restrição. Por outro lado, é possível que o estoque de tecido da cor vermelha esteja muito alto e tenhamos uma exigência de reduzi-lo. O nível de estoque vai afetar no planejamento.

Para exemplificar um programa mestre de produção, vamos pensar em um produto que tem a sua demanda semanal conforme a tabela a seguir:

Tabela 9 – Programa mestre de produção

Programa mestre de produção do produto XPTO									
Semana	1	2	3	4	5	6	7	8	9
Demanda	10	10	10	10	15	15	15	20	20

Observe que essa demanda é a soma da carteira de pedido acrescido da previsão de vendas, mas com composição diferente de acordo com o planejamento. A próxima semana é a 1 e supostamente a quantidade de 10 produtos demandada é carteira de pedidos simplesmente, e na semana 9 a demanda deve ser toda definida pela previsão de vendas. À medida que nos deslocamos no tempo as previsões de vendas precisam se tornar carteiras de pedidos.

Vamos acreditar que no momento (antes da semana 1) tenhamos 30 unidades em estoque: qual seria o programa mestre de produção para essas próximas nove semanas? Observe a tabela:

Tabela 10 – Programa mestre de produção para próximas nove semanas

Programa mestre de produção do produto XPTO									
Semana	1	2	3	4	5	6	7	8	9
Demanda	10	10	10	10	15	15	15	20	20
Disponível	20								
MPS	0								
Estoque anterior	30								

Na próxima semana a demanda será de 10 unidades, e como temos 30 unidades em estoque iremos atender à demanda e ainda restarão no estoque 20 unidades, portanto o programa mestre de produção deverá ser zero, nenhum item necessitará ser produzido.

Mantendo esse raciocínio teríamos a seguinte situação nas próximas nove semanas.

Tabela 11 – Situação nas próximas nove semanas.

Programa mestre de produção do produto XPTO									
Semana	1	2	3	4	5	6	7	8	9
Demanda	10	10	10	10	15	15	15	20	20
Disponível	20	10	0	0	0	0	0	0	0
MPS	0	0	10	10	15	15	15	20	20
Estoque anterior	30								

Verifique que na segunda semana o raciocínio continua o mesmo. Temos 20 unidades, a demanda calculada é de 10 unidades, terminaremos a semana com 10 unidades em estoque, que é a demanda calculada para a semana 3. De novo, não precisamos produzir qualquer peça.

Na terceira semana acontece uma alteração. Temos 10 unidades armazenadas, a demanda será de 10 unidades, portanto ficaremos com zero de estoque para a próxima semana. Isso não é possível, necessitamos ter estoque para atender a quarta semana, assim, necessitaremos produzir 10 unidades na semana 3.

O raciocínio se repete para as próximas semanas, restabelecendo em cada semana a demanda da semana seguinte. Neste momento nosso programa mestre de produção será o seguinte:

- Semana 1 (próxima semana): zero unidade.
- Semana 2: zero unidade.
- Semanas 3 e 4: 10 unidades.
- Semanas 5; 6 e 7: 15 unidades.
- Semanas 8 e 9: 20 unidades.

10.2. Especificação do produto

A classificação do produto é um documento que relaciona todas as obrigações para se produzir um definido produto. No MRP I, essas necessidades pertencem ao conjunto de matérias-primas e componentes necessários; no MRP II, essas deficiências abordam todos os insumos necessários (instalações, equipamentos, mão de obra, capital etc.).

Uma típica especificação do produto contém todos os materiais e quantidades obrigatórios para a produção de uma unidade de produto. Tipicamente é uma "receita de bolo".

Um exemplo de especificação de produto poderia ser a de um bolo de limão:

Quadro 3 – Especificação de produto

Matéria prima	Quantidade por unidade
Ovos	4 unidades
Açúcar	360 gramas
Óleo	500 mililitros
Suco de Limão	200 mililitros
Casca de Limão	1 unidade
Farinha de Trigo	280 gramas
Fermento	15 gramas

Obviamente que se formos fazer 10 bolos de limão precisamos de 40 ovos; 3,6 quilos de açúcar; 5 litros de óleo, e assim por diante.

Esses materiais referenciados são os chamados recursos a serem transformados. Para que se transformem em produto são precisos os chamados recursos transformadores, tais como máquinas, energia elétrica, mão de obra direta etc. Uma especificação semelhante à anterior poderia ser feita:

Quadro 4 – Recursos transformadores

Recurso Transformador	Quantidade por Unidade
Misturador	0,05 hora/máquina
Forno Elétrico	0,30 hora/máquina
Esteira Transportadora	0,006 hora/máquina
Mão de Obra Operacional	0,10 hora/máquina
Energia Elétrica	0,027 Kw
Capital Necessário	R$ 26,30

O MRP II utilizaria ambas as listas, reproduzindo as quantidades de bolos pelo material necessário para cada bolo.

10.3. Controle de estoques

Usualmente a produção de um produto e/ou serviço é dinâmica, ou seja, lotes iguais do mesmo produto são fabricados novamente ao longo do tempo. Associado a isso na especificação de produto normalmente é prevista uma quantidade reserva para perdas. Suponha uma camisa masculina que possua seis botões, se desejamos fazer 40 camisas precisaremos de 240 botões, mas se providenciarmos apenas 240 botões certamente não conseguiremos produzir as 40 camisas.

Alguns botões serão perdidos ou quebrados na produção. Na especificação da camisa irá constar a necessidade de 6,1 botões por camisa, o que parece estranho, mas é o necessário para eventuais perdas. Porém, é possível que em algumas produções não ocorram perdas; logo, os botões extras ficarão em armazenagem.

Por outro lado, itens que teriam que ter sido produzidos e para os quais os itens foram abastecidos podem possivelmente não ser produzidos. Pode acontecer de o biquíni verde não vender bem e parte da produção é suprimida. Irá sobrar tecido, componentes etc., que irão para o armazém.

Em resumo, estoques serão formados absolutamente ao longo da produção e deverão ser monitorados e utilizados com prioridade total. Na nossa produção de 10 bolos de limão são necessários 40 ovos, mas se tivermos em estoque, por exemplo, 15 ovos que sobraram das produções anteriores, devemos descontar esses 15 ovos das necessidades brutas e adquirir apenas 25 ovos para a produção planejada.

10.4. Resultados do MRP

A partir dos bancos de dados formados pelas entradas especificadas nos tópicos anteriores, a atividade do MRP faz os cálculos indispensáveis para definir todas as necessidades da produção.

Chama-se isso de "rodar o MRP". Como os cálculos são muito numerosos, essa operação só é possível, na prática, com recursos tecnológicos distintos.

Após cada rodada do MRP o sistema expõe um plano de materiais que resulta na relação de todos os itens necessários com as quantidades e momentos adequados. É como dizer que é necessário comprar 40 ovos na próxima semana para atender às nossas produções de bolos.

A partir desses planos o sistema pode emitir também ordens de produção e requisições de compras, ambas nas quantidades e prazos determinados.

Veja os conteúdos de cada uma das células:

- Produto: é o nome do produto, componente, subcomponente ou parte do que estamos considerando.
- Lote: pode ser máximo ou mínimo, diz respeito a limitações nas medidas a serem compradas. Alguns fabricantes vendem quantidades mínimas do seu produto, e não permitem fracionamentos. Se você vai comprar creme dental num atacadista tipo Makro terá necessidade de levar no mínimo um pacote com 12 cremes dentais, não é possível levar apenas uma unidade. Se a capacidade máxima de processamento que uma máquina pode produzir por mês é de no máximo 10 toneladas de um produto alimentício, não há como ultrapassar esse máximo.
- LT: símbolo de *lead-time*. O tempo decorrido entre a manifestação de nossa demanda e o atendimento dela.
- ES: significa estoque de segurança. É uma grandeza que fica em armazém para possíveis ocorrências acidentais. Por exemplo, um cliente que peça caixas de lápis em regime de emergência, ou então a falta de matéria-prima que cause paralisação da produção.
- Períodos (semanas): é o nosso horizonte de planejamento, mas poderia ser dias, meses ou até anos. Zero é a semana em que estamos fazendo a programação de produção. Um é a próxima semana, e assim sucessivamente.
- Necessidades brutas: é a quantidade de produto que necessitamos dia a dia. Essa necessidade bruta é um somatório da carteira de pedidos com as previsões de vendas. Evidentemente que para as se-

manas mais próximas a maior parte se refere a carteiras de pedidos e para semanas mais distantes predominam as previsões de vendas. Esses valores são mutáveis, na próxima semana é possível que os valores das semanas subsequentes estejam mudados, por causas comerciais, como crescimento de vendas, perda de pedidos etc. Desta forma, a cada semana o cenário será diferente.

- Recebimentos programados: são produções que já estão sendo efetuadas. Essas quantidades são resultantes de planejamentos elaborados nas semanas anteriores, com bases nas referências que estavam disponíveis à época. É possível que com a mudança das condições as quantidades passem a se tornar inapropriadas e causem estoque.
- Estoque projetado: é o estoque final de cada semana, depois de levantadas as entradas e saídas do material. Por exemplo, um estoque não pode ser inferior a 150 caixas, que é o estoque de segurança.
- Recebimento de ordens planejadas: são as dimensões programadas para chegar a cada semana, são os padrões para atender às necessidades de material e conservar o estoque de segurança.
- Liberação de ordens planejadas: corresponde à dispensa da ordem de compra ou produção em um certo período e em determinada quantidade, de acordo com as operações realizadas.

Vamos entender como as operações são feitas conforme a tabela a seguir:

Tabela 12 – Cálculos do MRP

Produto: caixa com 50 canetas	Períodos (semanas)	0	1	2	3	4	5	6	7	8
Lote 1	Necessidades brutas		100	120	140	130	160	200	210	180
	Recebimentos programados		100	150						
LT – 1	Estoque projetado	200	200	230	150					
	Recebimento de ordens planejadas				60					
ES – 150	Liberação de ordens planejadas			60						

O primeiro passo é calcular o estoque decorrente no final de cada semana e checar com a política de estocagem. Assim o estoque ao final da 1ª semana é de 200 caixas: 200 caixas que tínhamos em estoque mais 100 caixas que entraram durante a semana 1 menos 100 caixas que temos que transferir aos nossos clientes. Como o estoque de segurança é menor que o estoque final da semana 1, nenhuma providência deve ser considerada.

Já o estoque final da semana 2 é dado pelo cálculo: 200 caixas que tínhamos ao final da 1ª semana mais 150 caixas que entraram durante a semana menos 120 caixas que temos que transferir aos nossos clientes, o que resulta em 230 caixas de estoque final. De novo nenhuma providência deve ser considerada. Já a semana 3 apresentará um contratempo. O estoque final seria: 230 caixas do estoque da semana anterior retirando-se as 140 caixas que devemos transferir aos clientes, o que resulta em 90 caixas, valor abaixo ao estoque de segurança, consequentemente precisaremos planejar o recebimento de 60 caixas na semana 3.

Como o *lead-time* de fabricação é de uma semana necessitaremos liberar uma ordem de fabricação na 2ª semana, para termos o material a tempo de responder o nosso cliente.

Seguindo o raciocínio para as semanas subsequentes teríamos a seguinte situação, para uma produção de canetas:

Tabela 13 – Raciocínio para as semanas subsequentes

Produto: caixa com 50 canetas	Períodos (semanas)	0	1	2	3	4	5	6	7	8
Lote 1	Necessidades brutas		100	120	140	130	160	200	210	180
	Recebimentos programados		100	150						
LT – 1	Estoque projetado	200	200	230	150	150	150	150	150	150
	Recebimento de ordens planejadas				60	130	160	200	210	180
ES – 150	Liberação de ordens planejadas			60	130	160	200	210	180	

Assim sendo, teríamos as seguintes informações destinadas aos setores competentes:

- Semana 2: liberar uma ordem de fabricação de 60 caixas de canetas.
- Semana 3: liberar uma ordem de fabricação de 130 caixas de canetas.
- Semana 4: liberar uma ordem de fabricação de 160 caixas de canetas.
- Semana 5: liberar uma ordem de fabricação de 200 caixas de canetas.
- Semana 6: liberar uma ordem de fabricação de 210 caixas de canetas.
- Semana 7: liberar uma ordem de fabricação de 180 caixas de canetas.

É importante reparar que esse planejamento foi feito com base nas informações disponíveis na semana zero. Quando o planejamento for refeito na semana seguinte é possível que os dados sejam diferentes, portanto todo o planejamento é alterado. É algo dinâmico e não estático.

Obviamente não adianta expedir uma ordem de fabricação para 60 caixas de canetas para a semana 2 (no nosso exemplo, semana 31) se não tivermos caixas de papelão e canetas em quantidade razoável. Devemos então repetir os cálculos para esses dois componentes e realizar os cálculos correspondentes. Veja a tabela a seguir:

Tabela 14 – Cálculos para esses componentes

Produto: caixa de papelão	Períodos (semanas)	0	1	2	3	4	5	6	7
Lote 1	Necessidades brutas			60	130	160	200	210	180
	Recebimentos programados		50	150					
LT – 2	Estoque projetado	100	150	160	100	100	100	100	100
	Recebimento de ordens planejadas				70	160	200	210	180
ES – 100	Liberação de ordens planejadas		70	160	200	210	180		

Os cálculos são similares aos feitos para o artigo final. A única novidade é que as necessidades brutas de caixas de papelão baseiam-se nas ordens programadas das caixas com 50 canetas. Como na semana 2 será necessária a montagem de 60 caixas com 50 canetas, será preciso ter em estoque 60 caixas de papelão, assim como na semana 3 precisaremos de 130 caixas e assim por diante. As informações produtivas seriam:

- Semana 1: comprar 70 caixas de papelão.
- Semana 2: comprar 160 caixas de papelão.
- Semana 3: comprar 200 caixas de papelão.
- Semana 4: comprar 210 caixas de papelão.
- Semana 5: comprar 180 caixas de papelão.

Os dados de *lead-time*, estoque de segurança, estoque planejado na semana 0 e recebimentos programados são dados saídos da política de estoques e dos planejamentos anteriores; os demais valores foram calculados.

Raciocínio semelhante nós fazemos para o outro componente das caixas de canetas, as canetas propriamente ditas. Note que no caso as carências do produto devem ser multiplicadas por 50, visto que há 50 canetas em cada caixa. Assim, teremos:

Tabela 15 – Produção de canetas

Produto: caneta	Períodos (semanas)	0	1	2	3	4	5	6	7
Lote 1	Necessidades brutas			3.000	6.500	8.000	10.000	10.500	6.500
	Recebimentos programados		800	2.000	1.500				
LT – 1	Estoque projetado	1.700	1.900	900	500	500	500	500	500
	Recebimento de ordens planejadas				4.600	8.000	10.000	10.500	6.500
ES – 500	Liberação de ordens planejadas				4.600	8.000	10.000	10.500	6.500

A tabela a seguir mostra todos os cálculos para o exemplo estudado. Perceba a lógica de cálculo e sequência de informações que passam do produto para seus componentes e partes, e assim sucessivamente. "Rodar" o MRP expressa fazer esses cálculos analisando necessidade, estoque, restrições e corrigir as distorções.

Tabela 16 – MRP Rodado

Produto:		Períodos (semanas)	0	1	2	3	4	5	6	7	8	
caixa com 50 canetas		Necessidades brutas		100	120	140	130	160	200	210	180	
			100	150								
Recebimentos programados												
Lote	1	Estoque projetado	200	200	230	150	150	150	150	150	150	Nível 0
LT	1	Recebimento de ordens planejadas				60	130	160	200	210	180	
ES	150	Liberação de ordens planejadas			60	130	160	200	210	180		

Produto:		Períodos (semanas)	0	1	2	3	4	5	6	7	8	
caixa de papelão		Necessidades brutas			60	130	160	200	210	180		
			50	70								
Recebimentos programados												
Lote	1	Estoque projetado	100	150	160	100	100	100	100	100		Nível 1
LT	2	Recebimento de ordens planejadas				70	160	200	210	180		

Produto:		Períodos (semanas)	0	1	2	3	4	5	6	7	8
ES	100	Liberação de ordens planejadas		70	160	200	210	180			

Produto:		Períodos (semanas)	0	1	2	3	4	5	6	7	8
caneta		Necessidades brutas			3.000	6.500	8.000	10.000	10.500	6.500	
		Recebimentos pro-gramados		800	2.000	1.500					
Lote	1	Estoque projetado	1.100	1.900	900	500	500	500	500	500	
LT	1	Recebimento de ordens planejadas				4.600	8.000	10.000	10.500	6.500	
ES	500	Liberação de ordens planejadas			4.600	8.000	10.000	10.500	6.500		

Nível 1

Produto:		Períodos (semanas)	0	1	2	3	4	5	6	7	8
tampa dianteira		Necessidades brutas			4.600	8.000	10.000	10.500	6.500		
Recebimentos pro-gramados			2.000	4.000	1.200						
Lote	1	Estoque projetado	300	2.300	1.700	300	300	300	300		

Nível 2

Produto:		Períodos (semanas)	0	1	2	3	4	5	6	7	8
LT	1	Recebimento de ordens planejadas				5.400	10.000	10.500	6.500		
ES	300	Liberação de ordens planejadas			5.400	10.000	10.500	6.500			

Produto:		Períodos (semanas)	0	1	2	3	4	5	6	7	8
tampa traseira		Necessidades brutas			4.600	8.000	10.000	10.500	6.500		
Recebimentos programados			3.000	4.000	6.800						
Lote	1	Estoque projetado	500	3.500	2.900	1.700	100	100	100		
LT	2	Recebimento de ordens planejadas					8.400	10.500	6.500		
ES	100	Liberação de ordens planejadas			8.400	10.500	6.500				

Nível 2

Produto:		Períodos (semanas)	0	1	2	3	4	5	6	7	8
corpo		Necessidades brutas			4.600	8.000	10.000	10.500	6.500		
Recebimentos programados			5.000	2.000	5.000						

Produto:		Períodos (semanas)	0	1	2	3	4	5	6	7	8	
Lote	1	Estoque projetado	800	5.800	3.200	400	400	400	400			Nível 2
LT	2	Recebimento de ordens planejadas				200	10.000	10.500	6.500			
ES	400	Liberação de ordens planejadas		200	10.000	10.500	6.500					

Produto:		Períodos (semanas)	0	1	2	3	4	5	6	7	8	
carga		Necessidades brutas			4.600	8.000	10.000	10.500	6.500			
Recebimentos programados			4.000	6.000	2.000							
Lote	1	Estoque projetado	8.000	12.000	13.400	7.400	1.000	10.500	6.500			Nível 2
LT	3	Recebimento de ordens planejadas					3.600					
ES	1.000	Liberação de ordens planejadas		3.600	10.500	6.500						

Produto:	Períodos (semanas)	0	1	2	3	4	5	6	7	8	
tubo plástico	Necessidades brutas		468	1.365	845						
Recebimentos pro-gramados		300									
Lote mínimo / 100 mts	Estoque projetado	225	57	92	147						Nível 3
LT 1 / 1	Recebimento de ordens planejadas			1.400	900						
ES / 50 mts	Liberação de ordens planejadas		1.400	900							

Observação: as ordens planejadas devem ser múltiplos de 100 metros. Na semana 1 bastaria comprar 1.308 metros, mas como o fornecedor só vende um mínimo de 100 metros, somos obrigados a comprar 1.400 metros.

Produto:	Períodos (semanas)	0	1	2	3	4	5	6	7	8	
tinta azul	Necessidades bru-tas		1.080	3.150	1.950						
Recebimentos pro-gramados			1.100	2.130							
Lote mínimo / 50 litros	Estoque projetado	150	170	100	100						Nível 3

Produto:		Períodos (semanas)	0	1	2	3	4	5	6	7	8
LT	1	Recebimento de ordens planejadas			950	1.950					
ES	100 litros	Liberação de ordens planejadas		950	1.950						

Produto:		Períodos (semanas)	0	1	2	3	4	5	6	7	8
ponta de escrita		Necessidades brutas		3.600	10.500	6.500					
Recebimentos programados			7.400	6.650							
Lote	1	Estoque projetado	700	4.500	650	350					
LT	2	Recebimento de ordens planejadas				6.200					
ES	350	Liberação de ordens planejadas		6.200							

Nível 3

Produto:		Períodos (semanas)	0	1	2	3	4	5	6	7	8	
esfera de tungstênio		Necessidades brutas		6.200								
Recebimentos programados			9.500									
Lote	1	Estoque projetado	1.200	4.500								Nível 4
LT	2	Recebimento de ordens planejadas										
ES	600	Liberação de ordens planejadas										

Produto:		Períodos (semanas)	0	1	2	3	4	5	6	7	8	
ponta plástica		Necessidades brutas		6.200								
Recebimentos programados			6.800									
Lote	1	Estoque projetado	500	1.100								Nível 4
LT	1	Recebimento de ordens planejadas										
ES	300	Liberação de ordens planejadas										

Perceba que na semana 1, a próxima, deverão ser liberadas as seguintes ordens de planejadas:

- 70 caixas de papelão.
- 200 corpos da caneta.
- 3.600 cargas.
- 1.400 metros de tudo plástico.
- 950 litros de tinta azul.
- 6.200 pontas de escrita completas.

Para os demais materiais temos estoque e/ou recebimentos suficientes para a operação produtiva normal.

Ressaltamos que esse planejamento é elaborado com base nos dados que a empresa possui na semana zero. Na semana seguinte o ambiente pode ter se modificado e o planejamento poderá ser fortemente alterado. Evidentemente essas alterações serão maiores quanto mais afastadas as semanas da semana de planejamento, porém a empresa sempre terá uma visão, ainda que mutável, do futuro.

Para os demais materiais temos estoque e/ou recebimentos suficientes para a operação produtiva normal.

11. MRP II

O MRP II funciona de maneira semelhante ao MPR I, mas envolvendo outros insumos além da matéria-prima e componentes. Esses insumos serão, a exemplo da matéria-prima, especificados em termos de quantidades unitárias que serão multiplicadas pelas quantidades a serem produzidas, gerando uma necessidade bruta, que subtraída das capacidades indicará as necessidades líquidas e a alocação dos recursos.

Por exemplo, suponha que as tampas dianteiras da caneta a que nos referimos anteriormente sejam produzidas numa máquina injetora com capacidade de fabricação de 200 tampas por hora.

Verificando as necessidades de tampas azuis observamos a necessidade para a próxima semana de, digamos, 10 mil tampinhas. Precisaremos, portanto, de $10.000 \div 200 = 50$ horas máquinas para essa produção. Devemos verificar as disponibilidades da tal máquina e alocar ao longo da semana a produção necessária.

Isso é feito automaticamente pelo sistema, que faz o devido planejamento e emite a documentação necessária (ordens de compra e fabricação, aportes de capital, alocação de mão de obra etc.).

Esse raciocínio pode ser feito para todo e qualquer insumo ou recurso e normalmente é feito de maneira modular, ou seja, softwares específicos para cada grupo de insumos são adicionados progressivamente ao sistema de dados da empresa.

Dessa forma todos os processos da empresa são passíveis de serem planejados e programados em função da demanda, permitindo aos gestores uma tomada de decisão mais adequada e eficaz. Deve-se notar, no entanto, que as decisões ainda são humanas, restando aos computadores a elaboração das alternativas, apesar de que o desenvolvimento da inteligência artificial irá cada vez mais deslocar as decisões para os sistemas de informação, o que é uma oportunidade, mas também um risco. Muitas empresas "ligam o piloto automático" e acabam perdendo a visão holística do negócio.

12. PLANEJA-MENTO E CONTROLE JUST IN TIME

Com o fim da 2ª Guerra Mundial, metade do mundo estava destruída precisando ser reconstruída do zero. As empresas de modo geral estavam devastadas, em particular na Europa e no Japão. A reconstrução, no então mundo ocidental, foi liderado pelos Estados Unidos da América, que assumiram o papel dominante no processo. Suas organizações assumiram a liderança em todo o mundo, suprimindo apenas as áreas sob influência e domínio da então União Soviética.

A situação do Japão possivelmente tenha sido a mais drástica. Sua indústria voltada antes da guerra para o esforço bélico estava fisicamente arrasada, e foi necessária uma autêntica reinvenção do seu modelo.

A reconstrução do país contou com o apoio do Plano Marshall, que forneceu cerca de 16 bilhões de dólares ao Japão, em valores atualizados, o que, sustentado pela boa qualidade do ensino, permitiu a reconstrução de sua economia.

O caso japonês teve algumas características. Primeiro, o menor acesso aos recursos naturais (minérios e petróleo), o que guiou ao desenvolvimento de uma ideia de redução dos desperdícios, não presente na época no restante do mundo, e segundo, a cultura organizada tradicional do Japão.

Outro fator marcante foi a atuação de Willian Edwards Deming, um estatístico e professor universitário dos Estados Unidos, já renomado pela contribuição ao desenvolvimento dos processos durante a 2ª Guerra, junto aos determinados executivos japoneses. Com a aplicação de métodos estatísticos, e principalmente com a perspectiva nos efeitos perversos das variações para a qualidade de produtos e métodos, contribuiu para tornar a indústria japonesa notória em qualidade e inovação. É considerado o estrangeiro com grande influência na economia japonesa no século XX.

Esses fatores deram origem ao que se pode chamar de resposta japonesa as disputas empresariais. Definidos constantemente pelo termo zero, que reconhece a experiência de impedir variações, levaram a programas como zero defeito; zero paralisação; qualidade total; manutenção total etc.

Com o decorrer do tempo esses programas geraram na indústria japonesa um diferencial competitivo que levou ao chamado milagre japonês e mais tarde passou por toda a indústria ocidental e transformou o Japão em uma das três maiores economias mundiais.

Essas técnicas e políticas japonesas, tais como círculos de controle de qualidades, Kanban, Kaizen, Poka Yoke etc., acabam por ser agrupadas sob o nome *just in time* e alastram-se pelo planeta todo.

Just in time, numa tradução literal, significando apenas "a tempo", é o conjunto de ações destinadas a produzir bens e serviços quando necessários, nem previamente nem após o necessário.

A definição se completa colocando as ideias de qualidade e eficácia ao tempo analisado.

O *just in time* (JIT) é uma aproximação que tem como meta, alcançar uma alta produtividade global e a diminuição de rejeitos. A ideia é aceitar uma produção eficaz em termos de custo com a oferta das quantidades certas no momento certo das matérias-primas, itens e serviços, usando ao mínimo as instalações, equipamentos, recursos humanos e estoques.

O *just in time* precisa do equilíbrio entre a agilidade do fornecedor e a agilidade do cliente e tem como meta a simplificação. Outra ideia necessária das ferramentas é o envolvimento integral das pessoas e o trabalho em grupo.

A grande diferença entre o *just in time* e as técnicas tradicionais é o fluxo com ausência de estoques, ou sua redução ao máximo.

No deslocamento normal, os estoques funcionam como atenuadores, possibilitando que cada operação tenha independência das outras. Ela é capaz permanecer operando mesmo que a anterior apresente limites. É o que se chama de proteção da produção. Um estágio sempre está preservado das falhas dos estágios antecedentes. Quanto maiores forem os estoques, muito superior será essa garantia e maior será a autonomia do estágio em relação aos demais. Mas recordem-se: armazenagens custam demasiadamente!

Na movimentação *just in time* esse estoque garantidor deixa de permanecer, assim os estágios passam a ser solidários. Caso uma etapa tenha problemas, os demais serão afetados. Isso requer o compromisso de todas as etapas no resultado final e não apenas no seu comportamento próprio.

Apesar do possível acerto em defender a produção de fatos como falta de matéria-prima, variação de demanda etc., o JIT vai ao sentido oposto. Ele considera que a existência de estoques pode defender a produção, mas defende as deficiências estruturais das operações. Esconde problemas e deficiências que não sendo reparados incorrem em mais deficiências e mais estoques num círculo vicioso cruel.

A figura a seguir é regularmente usada para exemplificar esse conceito. O estoque é relacionado com o nível de água do lago. O nível elevado da água esconde as pedras no fundo do curso d'água, assim como o alto nível de armazenagem esconde os problemas reais. Não conhecer o problema impossibilita que seja solucionado. A ideia do *just in time* é ir baixando o nível da água aos poucos, expondo as lacunas existentes que, ao serem combatidas, permitem uma reparação instantânea na qualidade dos processos e novas reduções no nível da água, revelando e solucionando novos problemas.

Um programa de redução progressiva de estoques faz com que as dificuldades operacionais surjam e sejam combatidos, transformando os processos mais pertinentes.

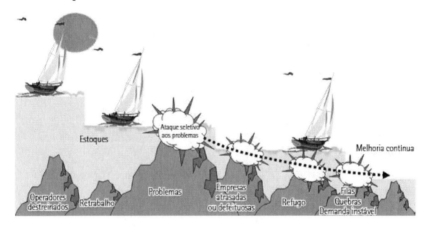

Figura 10 – Just in Time (JIT)
Fonte: Corrêa (2004, p. 599).

A frequência regular da redução de estoques conduzirá a organização à excelência e, em princípio, sempre possibilitará ganhos de qualidade.

O *just in time* pode ser observado em três diferentes dimensões:
- JIT como filosofia de produção.
- JIT como uma coleção de técnicas para a gerência da produção.
- JIT como método de programação e controle da produção.

Percebemos o *just in time* como método de programação de controle da produção em uma esfera que já seja utilizado como categorias de técnicas de gestão, em uma empresa que o tenha como filosofia de produção. Existe, assim, uma ordem entre as três diferentes dimensões, respeitando a ordem acima.

12.1. Just in time como filosofia

O *just in time* representa a filosofia e a ordem de técnicas colocadas por Deming na origem das chamadas técnicas japonesas e repousa em três pilares:

- Suprimir desperdícios.
- Envolvimento de todas as pessoas.
- Aprimoramento constante.

Percebe-se desperdício como toda tarefa que não soma valor ao produto. Slack, Chambers e Johnston (2002) especificam as principais atividades que contribuem para o desperdício:

- Superprodução.
- Tempo de espera.
- Transporte.
- Perdas de tempo no processo.
- Estoques.
- Movimentação de pessoas.
- Produtos defeituosos.

Reconheça que essas atividades são indispensáveis, como o transporte, por exemplo. Entretanto, temos que ter na memória que não acrescentam valor ao produto, e, consequentemente, elas devem ser diminuídas o quanto possível, entendendo o combate ao desperdício como filosofia de toda a empresa.

Por outro lado, o envolvimento de todos lembra a ideia de uma nova cultura da organização, na qual todos estão comprometidos com o resultado dos procedimentos e não apenas com seus resultados pessoais.

O alcance dessa ligação é feita a partir das chamadas práticas básicas de trabalho que Slack, Chambers e Johnston (2002) indicam da seguinte forma:

- Disciplina e seguir padrões.
- Flexibilidade de rotinas de trabalho.
- Equilíbrio de condições a todos.
- Criatividade.
- Qualidade de vida no trabalho.
- Desenvolvimento pessoal.
- Independência para cada um manifestar-se no processo.

Finalmente, o aperfeiçoamento contínuo é explicitado pela filosofia Kaizen: "Nenhum dia poderá passar, em nossa organização, sem que algo tenha sido melhorado". A filosofia Kaizen engloba a modificação de cultura necessária para a efetivação do *just in time*.

12.2. Just in time como conjunto de técnicas de gestão

A partir da filosofia *just in time*, uma série de técnicas gerenciais permitem o confronto sistemático às perdas e trazem em sua alma uma série de benefícios. Ligeiramente podemos mencionar essas ferramentas e técnicas:

- Práticas de trabalho, que arrumam a empresa e os colaboradores para a efetivação do *just in time*.
- Projeto para a indústria que revisa os processos, otimizando as operações, através da eliminação de métodos substanciais.
- Foco na operação, buscando o desenvolvimento da experiência através de repetições.
- Máquinas simples e pequenas, utilizadas no lugar de enormes máquinas com pouca versatilidade.
- Arranjos físicos, mais suaves e pensados para as pessoas, livrando--se de deslocamentos e manuseios excessivos.
- Manutenção produtiva total, impedindo paradas atípicas e reduzindo assim a inconstância dos processos.
- Redução do *setup*. É um grande desperdício, pois durante o tempo de *setup* nada se produz. O *just in time* lidando com soluções menos complexas consegue tempos menores de *setup*, como menores acréscimos de recursos.
- Comprometimento total das pessoas, exigindo que todos utilizem suas competências em prol dos resultados da empresa.
- Visibilidade, conseguida pelo debate dos problemas por todos em ambiente acessível e não submisso a censuras. Os círculos de controle da qualidade (CCQ), formados por equipes multidisciplinares e de variadas categorias, têm um papel importante neste ponto.
- Fornecimento *just in time*, fazendo com que os elementos cheguem no tempo necessário.

Analise em uma passada de olhos sobre a lista precedente que mostra os obstáculos de se operar com *just in time*, mas as inevitáveis vantagens fizeram dele uma concepção preferida no mundo todo.

12.3. Just in time como método de planejamento e controle da produção

O *just in time* – JIT atua precisamente sobre os estoques, que é um dos pontos de maior desperdício dentro de uma organização. Nos métodos populares de planejamento da produção as ordens de fabricação são emitidas assim que os materiais estiverem à disposição.

A primeira etapa funcional recebe a ordem, cumpre a tarefa e "empurra" o material para a próxima etapa e assim consecutivamente. Não existe uma vinculação direta e obrigatória com a efetiva demanda, podendo criar dissidências entre o produzido e o demandado. A figura na sequência mostra esse fluxo, chamado de sistema empurrado, e o fluxo *just in time*, chamado de sistema puxado.

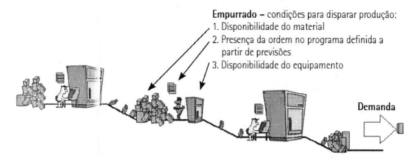

Figura 11 – Processo de planejamento empurrado
Fonte: Corrêa (2004, p. 601).

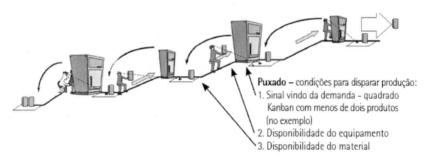

Figura 12 – Processo de planejamento puxado
Fonte: Corrêa (2004, p. 601).

Todos os materiais estão disponíveis, mas não produzem nada até que a etapa antecedente solicite o recurso essencial, resultando num planejamento puxado pela demanda. Assim, a demanda real é que comanda as operações, acrescendo em muito a eficácia ainda que ser, por vezes, menos ágil.

As técnicas *just in time* mais usadas para planejamento e controle da produção são:
- Kanban.
- Produção nivelada.
- Modelos mesclados.
- Sincronização.

O Kanban é um sistema de cartões em que a etapa subsequente da cadeia informa o estágio precedente da necessidade da correta quantidade de elementos. A frequência com que os cartões são movimentados, informam as quantidades a serem elaboradas num espaço de tempo.

Pense que num supermercado você tenha leite separados em três grupos diferentes, diferenciados por cartões nos quais além da determinação dos elementos recebemos a quantidade de leite separadas por ele do grupo antecedente. O primeiro grupo de leite está colocado para o cliente e vai sendo gradativamentre consumido. Ao consumirmos o último desse leite, para conseguirmos o segundo grupo é necessário tirar o cartão separador, que é enviado para o provedor do leite, e a partir daí o segundo grupo passa a ser consumido. O cartão disparado norteia o fornecedor sobre necessidade futura de reposição e ele se programa. Depois de um tempo esgota-se o segundo grupo de leite e o segundo cartão é enviado ao fornecedor. O terceiro grupo passa a ser consumido, mas o fornecedor, baseado no tempo entre cartões e os dados do cartão, já enviará a reposição básica.

Note que se a demanda crescer o intervalo entre cartões diminuirá, mostrando a necessidade de maior produção. Caso a demanda diminua, o intervalo entre cartões aumentará, indicando redução nas produções.

Claramente que essa descrição não acaba com as oportunidades do Kanban, mas comprova como o sistema se controla automaticamente em função da demanda. Um grupo de Kanban envolve três tipos de cartões:

- Kanban de transporte.
- Kanban de produção.
- Kanban de fornecimento externo.

Atualmente com o progresso da tecnologia os cartões físicos são muitas vezes alterados por informações informatizadas.

A produção aplainada equivale a manter ao longo do período os volumes dos produtos e o mix desses produtos ininterruptos ao longo do tempo. Ao invés de, por exemplo, produzir 50 unidades de um produto na segunda-feira para atender à demanda semanal, irá se preferir produzir 100 unidades por dia útil da semana. A vantagem é que a produção de pequenas quantidades reduz os estoques e aumenta as agilidades (de volume, mix ou modelo).

Modelos variados surgem porque nem sempre é possível reunir a produção de vários produtos com produção plana. Quantidades e tempos de produção opostas podem impossibilitar que todos os produtos tenham produção plana, assim alguns serão feitos em lotes e os decorrentes seguirão nivelados.

Para isso, a sincronização é essencial para que se opere um ponto ótimo no planejamento da produção.

12.4. Comparação MRP com JIT

O JIT e o MRP são sistemas adicionais dentro de uma empresa, cada um deles apresentando características que os fazem aproximadamente adequados para cada aplicação. Slack, Chambers e Johnston (2002) apresentam o quadro a seguir, comparativo dessas características, ressaltando que além das divergências existem também igualdades entre os dois sistemas.

Quadro 5 – MRP e o JIT

Características do MRP	Características do JIT
É um sistema empurrado	É um sistema puxado
Utiliza ordens de produção oriundas do programa mestre. Atingir o plano é a meta. Monitoramento e controle	Usa Kanban, responsável por "disparar" a movimentação e produção de materiais
Organização complexa, centralizada e com uso intensivo do computador	Decisões descentralizadas, não necessitando de sistemas computadorizados
Depende da qualidade dos dados, lista de materiais, estoques etc.	Baseia-se em taxas de produção (quantidade/tempo) em vez de volume
Usa *lead-time* fixo	Flexibilidade dos recursos e *lead-time* reduzido
Exige tempo para que sejam feitas atualizações	O JIT é mais que apenas planejamento e controle

Em tese, o MRP é mais complicado e trabalha com imensas quantidades de informações e é mais adequado para situações nas quais o interesse é prever situações futuras, com grande descrição. Já o JIT é mais útil em situações mais simples e que se repetem, sendo mais vigoroso com flutuações de demanda.

Dentro de uma mesma organização, pode-se encarregar com os dois sistemas, com o MRP provendo o plano de materiais, para que eles possam ser puxados pelo JIT. São sistemas conexos e não excludentes.

13. COMPRAS: GESTÃO ESTRATÉGICA E OPERACIONAL

A operação de compras é essencial dentro das empresas, responsabilizando-se pelo suprimento de materiais ou serviços com a qualidade e a quantidade apropriada, no momento conveniente e ao custo mais barato possível.

Qualquer processo operacional precisa ter flexibilidade de matérias-primas, componentes, equipamentos e serviços para que possa operar. Para que esse processo funcional ocorra sem contratempos, é preciso que esses insumos estejam disponíveis com regularidade, e sua quantidade e qualidade tem que ser compatíveis com o processo. Por sua vez, a preocupação com os custos, como em todos os outros processos das empresas, deve ser central. Obedecendo à natureza das operações, o desempenho esmerado das atividades de compras pode comunicar uma vantagem competitiva para as organizações e suas cadeias de suprimentos.

Dias (2015) complementa que os objetivos básicos das atividades de compras são:

- obter um fluxo contínuo de suprimentos a fim de atender aos programas de produção;
- coordenar esse fluxo de maneira que seja aplicado um mínimo de investimento que afete a operacionalidade da empresa;
- comprar materiais e insumos aos menores preços, obedecendo a padrões de quantidade e qualidade definidos;
- por meio de uma negociação justa e honesta, sempre procurar as melhores condições para a empresa, principalmente em condições de pagamento.

Deste modo como outras atividades relativas à administração de suprimentos, as atividades de compras eram, já há algumas décadas, avaliadas como secundárias nas empresas.

No entanto, com a competição cada vez mais acirrada por preços, essas atividades se converteram em fontes de vantagens competitivas. Operar corretamente essas atividades pode tornar a empresa mais competitiva de modo mais rápido que outras atividades, em princípio, mais centrais.

Além disso, o entrosamento mais distante entre fornecedor e cliente está deixando de perdurar, sendo substituído por uma relação mais estreita e estratégica.

14. NEGOCIAÇÕES ENTRE AS PARTES

14.1. Poder de barganha

No ano de 1979, Michael Eugene Porter publicou no Harvard Business Review o artigo As cinco forças competitivas que marcam a estratégica, no qual declara que cinco fatores, formam a estratégia da empresa (PORTER, 1979). Nesse modelo proposto, ele estabelece o conceito de poder de barganha com os consumidores e fornecedores. Poder esse que tem atuação recíproca: uma empresa pressiona e é pressionada por outra, pelo consumidor ou pelo provedor. A figura a seguir representa as forças mencionadas:

Fonte: elaborado pelo autor

Veja que duas das cinco forças referem-se ao poder de barganha, que é a força que uma empresa ou organização possui ao discutir preços e condições, podendo por pressão e necessidades, tais como menor preço ou compras por lotes superiores para obter preços mais baixos, ou ainda maior qualidade.

Porter (1979) declara que é essencial que a empresa enxergue o grau de dependência que tem de seus provedores avaliando o poder de barganha deles. Uma empresa muito ligada aos seus provedores precisa ponderar esse assunto com atenção, já que pode abalar sua capacidade competitiva.

Do mesmo modo que os provedores influenciam e motivam as empresas, estas influenciam seus clientes, estão todos submetidos aos poderes de barganha de clientes e provedores.

A organização deve entender quanto do sucesso dela necessita dos provedores, o quanto do seu negócio está nas mãos dos fornecedores.

Algumas questões ajudam a empresa a identificar o nível dessa força:

- Quantos provedores você possui presentemente e quais são eles?
- Se você tiver apenas um provedor, o que vai fazer caso deixe esse relacionamento?
- E se o seu único provedor aumentar os preços dos serviços ou produtos ofertados?
- O que você faria se o seu provedor tomasse a decisão de aumentar o prazo de entrega?

A partir dessa identificação, a organização deve se planejar para crescer seu poder de barganha ou reduzir o poder de barganha dos provedores. Isso deve ser feito agindo nos dois lados desse relacionamento. É claro que o poder de barganha de uma organização em relação à outra é estrutural, ou seja, não necessita do tempo ou mesmo de atuação administrativa; por exemplo, isso ocorre com clientes de uma grande empresa de materiais petroquímicos.

Entretanto, muitas vezes as companhias podem desenvolver seu poder de barganha atuando de modo conjuntural. Essa atuação pode ser feita de dois modos:

- Barganha do fornecedor: Caso o provedor demonstre imenso interesse no pedido, com a quantidade de acessos que ele faz ao comprador, seu poder de barganha fica menor. Caso contrário, se o interesse pelo pedido for menos acentuado, seu poder de barganha aumentará. Em épocas de crise na economia, o poder do fornecedor cai, em épocas de desenvolvimento, ele cresce. O provedor que tiver convicção de que obterá o pedido, por ter preços e condições mais competitivas que a concorrência ou que tiver o monopólio do mercado, conseguirá ter seu poder de barganha ampliado. O fator tempo constantemente está a favor dos provedores, já que muitas vezes o cliente tem necessidade de obter o produto ou o serviço o mais rápido possível.

- Barganha do comprador: Ter vários e qualificados provedores amplia a barganha do comprador. Ter poucos provedores, reduz muito o poder de barganha. Conhecer a estrutura de custos do produto aumenta o poder de barganha do cliente. Em processos de terceirização isso é possível, na medida em que o comprador já produziu o produto e o serviço que neste instante compra. O entendimento técnico do produto ou serviço a ser comprado também amplia o poder de barganha do comprador. Esse entendimento não é simples de ser adquirido e não é alguma coisa que o comprador possa desenvolver para todos os seus produtos, mas poderá desenvolver para aqueles produtos que são essenciais para a empresa podem ser foco especial de conhecimento. Suponha que você está comprando um computador sem saber o que é uma memória *flash*. Certamente, ficará à mercê do vendedor.

14.2. Relação ganha-ganha e ganha-perde

O acordo entre provedor e cliente tradicionalmente é um conflito no qual os lados pretendem conseguir vantagens um sobre o outro. Certamente, o provedor de um produto deseja vendê-lo pelo maior preço possível, entregá-lo com o maior prazo aceitável e com a menor qualidade possível. O cliente deseja exatamente o contrário. E essa oposição de desejos irá provocar conflitos.

A existência de um conflito em si não é algo negativo; pelo contrário, a resolução adequada de um confronto pode ser a ocasião de melhoria.

Hoje, muitos desses confrontos são resolvidos através de uma relação do tipo ganha-perde, na qual para um lado ganhar o outro lado tem que fracassar proporcionalmente. Muitas vezes é chamada de negociação distributiva, e os ganhos da negociação são opostas entre as partes.

A abordagem ganha-ganha considera a resolução de confrontos como um momento para se chegar a um resultado benéfico para ambas as partes e inclui o reconhecimento dos anseios de cada lado, a fim de alcançar uma solução que respeite os anseios de todos.

A relação ganha-ganha é indicada nos seguintes casos:

- o ambiente é colaborativo;
- quando é necessário tratar dos negócios das várias partes envolvidas;
- onde exista um elevado grau de credibilidade entre as partes;
- quando se tem em mente uma relação de longo prazo;
- quando se tem em mente a obrigação dividida dos resultados.

Apesar da relação ganha-ganha não ser aplicada sempre, ela traz várias vantagens:

- reforça os sentimentos de confiança e justiça;
- leva a uma solução real do problema;
- embasa uma colaboração futura;
- as responsabilidades são divididas;
- reduz o estresse das negociações.

A qualidade da relação entre as ligações da cadeia de suprimentos, sejam do tipo ganha-ganha, ou sejam do tipo ganha-perde, é percebida pelo comprador final e conferência com as relações das cadeias concorrentes. Confrontos mal governados são notados como destruição de energia da cadeia e afetam o valor conferido a ela.

Imagine uma situação em que o fornecedor, por causas conjunturais (falta de capital, perda de clientes, retração de mercado etc.), seja forçado a aceitar uma negociação negativa a ele, por exemplo, ter que diminuir sua margem de lucro. De algum jeito, no futuro, ele tentará liquidar esse prejuízo por meio de uma redução de qualidade do material, com uma entrega mais lenta ou então dará vantagem a outros consumidores. A cadeia de suprimentos inteira sentirá essa disputa agressiva e haverá redução do valor.

De qualquer forma, a negociação na atividade de compra é um processo de decisão subordinado ao planejamento, análise e revisão, aplicados a duas partes antagônicas que buscam um acordo satisfatório a ambas, maximizando os efeitos.

Os grandes objetivos da negociação são:

- Chegar a um preço razoável e satisfatório: os negociantes de cada um dos lados da mesa têm um preço alvo e um preço limite. O preço alvo é o que cada um dos lados deseja alcançar. Já o preço limite é o máximo que o comprador aceita pagar e o mínimo que o fornecedor aceita receber.
- Obter garantias do provedor para a execução de prazos e exigências contratuais: é absolutamente imprescindível que seja acordado um calendário de entregas com o provedor para que não ocorram imprevistos, em especial com os itens mais essenciais para a produção da empresa. Em épocas que a economia está mais estimulada, é sempre importante estar atento para priorizações que não atendam às possibilidades. Nesses tempos os clientes classe A são ajudados ao contrário dos demais.
- Conseguir a máxima colaboração do provedor: relações mais duradouras inclinam-se a criar um universo de maior colaboração e atendimento mais cordial e até preferencial. Em momentos de de-

manda, isso pode ser a diferença entre a empresa ser ou não acolhido pelo fornecedor.

- Manter relação respeitosa com os fornecedores competentes: relações pensadas em longo prazo, constroem um relacionamento respeitoso que irá refletir em oportunidades nas negociações futuras.

Quando falamos de negociações comerciais, pensamos sempre em preço e prazo, mas há vários outros ângulos que podem envolver negociações. Dias (2015) elenca os principais:

- existência de variáveis como qualidade e serviços associados ao produto;
- previsão contra riscos que não podem ser imaginados apropriadamente;
- perdas geradas por circunstâncias não possíveis de serem previstas (fenômenos naturais, por exemplo);
- custos de instalação, disposições físicos e ferramentais já que eles são parte importante dos custos envolvidos;
- possibilidade de revisão das especificações quando o *lead-time* é longo, permitindo melhorias;
- Intervalos na produção quando as especificações estiverem em incompatibilidade com as originais.

14.3. Parcerias de longo prazo

O relacionamento entre cliente e provedor é o principal no mundo dos negócios. São normais negociações isoladas ou mesmo recorrentes, mas que terminam na respectiva operação. Essas negociações devem alcançar as excelentes técnicas e assim responder aos objetivos próprios. Acontece que com o aumento da profundidade das relações entre os agentes econômicos, algumas companhias estão se conectando com outras em alianças de longo prazo.

Essas alianças trazem conveniências distintas, mas são difíceis de serem estabelecidas em razão, principalmente, do grau de lisura necessário.

Essas alianças vão se tornando mais comuns e com distintas vantagens para os implicados, podendo acontecer entre empresas grandes e pequenas aproveitando-se da dependência das competências. Acontecem casos até de companhias opositoras formarem parcerias, e estas oportunidades são vistas como uma ocasião de estreitar relações e desfrutar de capacidades complementares.

A ideia é pôr as necessidades do consumidor final em primeiro lugar e desenvolver uma saída estratégica que beneficie a todos os implicados. Em outras palavras, focar no consumidor final.

Essas estratégias de colaboração recíproca são um tanto recentes, mas elas têm sido consideradas no mundo dos negócios, independentemente das dificuldades implicadas. Uma parceira, evidentemente, só pode ser pensada se ela for benéfica para ambos os lados.

É possível que uma companhia seja mais beneficiada que a outra, mas isso precisa permanecer evidente para todos os implicados. Observando o que foi colocado, alguns benefícios podem ser conquistados:

- Redução de custos operacionais: é uma vantagem rápida, na amplitude em que alguns custos podem ser repartidos, não havendo acumulação. Nas companhias parceiras não precisam ocorrer controles de qualidade em duplicidade. Uma parceria confiável tende a aperfeiçoar as margens de lucro e diminuir as necessidades de investimento.

- Aumento do alcance da marca: o crescimento da marca é comum ser facilitado pelas parcerias, com atos de marketing que afetam mais os clientes, até mesmo em termos de memória da empresa.

- Privilégios para os clientes: a diminuição dos custos e aumento no alcance da marca resulta continuamente em redução de preço, o que é essencial como fator competitivo. Isso contribui, inclusive na fidelização dos consumidores.

- Sinergia das competências pessoais: é a maior vantagem das parcerias. Toda companhia tem funções sobre as quais têm autoridade total. Para se manter centralizada naquilo que é fundamental em seu negócio, uma boa saída pode ser a parceria com companhias que supram essas necessidades, gerando uma sinergia de negócio favorável para as ambas as companhias.

Alguns obstáculos importantes podem dificultar a concretização de parcerias. Algumas perguntas têm que ser atendidas antes de se concretizar uma parceria:

- A empresa e seus provedores operam com transparência? A inclinação das companhias é não se fazerem transparentes. Mas não há muito a esconder, a maioria das companhias compete com a qualidade de suas operações, e não por causa de segredos inacessíveis. Abrir a sua estrutura de custos e exigir correlação do parceiro prepara o material para a cooperação, o que melhora a performance de todos.

- A empresa e seus provedores dividem interesse na perfomance financeira um do outro? Uma parceria verdadeira exige que as partes se favoreçam em circunstâncias reais, o que quer dizer, obter lucro. Determinar metas financeiras para os parceiros é fundamental.

15. GESTÃO ESTRATÉGICA DE COMPRAS

As empresas cada vez mais se centralizam em entregar privilégios superiores aos consumidores finais, e isso faz com que uma gestão estratégica de compras se torne cada vez mais significativo.

Para que esse propósito ocorra, os setores da companhia devem trabalhar em grupo e o departamento de compras deve se responsabilizar para que os materiais estejam ao dispor no momento apropriado e com uma relação custo/desempenho conveniente.

Com o sucessivo aumento da concorrência e da competitividade nos mercados e indústrias, as companhias têm pressões cada vez superiores para diminuir seus custos pretendendo conservar tanto quanto permissível suas margens de lucro.

No que toca às tarefas de compras, manter seus provedores alinhados e envolvidos com os propósitos finais e com os desejos dos clientes é a maneira de manter os lucros adequados com resultado sustentável. Esse posicionamento supera as simples tarefas de cotação, compra e recebimento de materiais, impondo o progresso de relações mais estratégicas com os provedores. O desenvolvimento de ações conjuntas possibilita o aumento da competitividade.

A gestão de compras não é um trabalho fácil, visto que abrange a materialização de uma cultura interna e externa à companhia, na medida em que envolve os grupos internos e a relação cliente-provedor de modo mais junto que o tradicional. O desenvolvimento desses relacionamentos exige a elaboração de políticas finas, o que envolve a aprovação dos componentes, a necessária qualificação e o controle das consequências. É exigido um planejamento macro, determinando os critérios de qualificação. Assim, é necessário desenvolver regras diárias, como, por exemplo, estabelecer prazos e calendários de entrega que respondam às demandas internas no momento necessário e respeitar o fluxo de caixa da companhia.

A maioria das companhias ainda segue padrões antigos e uma alteração de cultura que exige aplicação e tempo para acontecer. Treinamentos e reuniões de orientação fixas serão necessários para essa alteração. As pessoas apresentam resultados superiores quando desenvolvem suas competências plenamente.

15.1. Fornecimento global como vantagem competitiva

O progresso das telecomunicações e da informática reduziu as distâncias e permitiu a comunicação entre países de todo o mundo. Assim, procurar produtos e serviços no planeta em locais onde eles são mais proveitosos tornou-se uma tendência. Essa estratégia corporativa assume o nome de *global sourcing*[35]. É um tipo de terceirização que se serve de custos menores apresentados em locais nos quais o custo da mão de obra é inferior ou o benefício é maior. Esse processo se acentuou com a globalização, que extinguiu muitas das barreiras geopolíticas reais.

O *global sourcing* aplicou-se a commodities produzidas em países com diferencial competitivo relativo ao clima e às terras agriculturáveis, depois expandindo-se para produtos industrializados por empresas asiáticas. Serviços de *call center*[36] em inglês, por exemplo, utilizam amplamente empresas indianas.

É extraordinária a produção atual de produtos cujos itens são transformados por companhias ao redor do mundo. Computadores, *tablets* e celulares são amostras desses itens.

Outro termo que vem ganhando espaço é o *follow sourcing*[37], que altera a lógica do *global sourcing*, reunindo fornecedores próximos às companhias produtoras. Caso específico disso são as empresas automobilísticas, que criam um grupo de provedores de partes dos veículos e suas partes.

O abastecimento global está sujeito a vantagens e inconvenientes assim como a considerações desfavoráveis. Isso permite o desenvolvimento de vantagens competitivas começando pela amplitude cada vez maior das economias dos vários países. Uma operação que seja efetivamente vantajosa exige análise precisa de todos os fatores implicados, como custos logísticos, burocracias resultantes e qualidade dos produtos e serviços. De

---

[35] Global Sourcing é uma estratégia usada por grandes empresas que diz respeito à aquisição de bens e serviços em outros países que possuem condições mais competitivas

[36] *Call center*, também chamada de Central de Atendimento, é uma área dentro de uma empresa voltada exclusivamente para fazer o atendimento telefônico dos clientes.

[37] Follow Sourcing é a estratégia em que os fornecedores se tornam mais próximos da instalação da empresa.

outra forma, critica-se essa estratégia porque, apesar de poder oferecer vantagens competitivas pelas companhias, provavelmente promoverá menos empregos e rendas a alguns países.

No campo da economia brasileira, é provável que existam vantagens para os clientes, pois, com os custos menores, é possível trabalhar com preços mais baixos.

15.2. Visão operacional de compras – Centralização versus descentralização

Quando citamos compras, pendemos a nos concentrar na obtenção dos materiais e serviços mais importantes nas organizações, principalmente, matéria-prima e itens primordiais à atividade-fim, mas devemos perceber que muitos outros materiais são comprados diariamente, mais importantes e vitais, até itens sem grande valor, mas que causariam problemas se não fossem comprados ou fossem adquiridos imperfeitamente.

Na realidade todos os departamentos de uma companhia têm necessidade de materiais, sejam produtos, sejam serviços, que deverão ser adquiridos perseguindo as melhores práticas. Não obstante, a evidente separação de relevância dentro de uma empresa entre os vários materiais, todos eles têm, em alguma medida, sua magnitude. A falta de um *chip* pode parar uma máquina e, como resultado, toda a fábrica, assim como a falta da matéria-prima essencial. É natural que a companhia se preocupe mais com as matérias-primas essenciais do que com o *chip* das máquinas ou com os materiais necessários de limpeza.

Isso nos guia ao debate de como organizar os setores de compras em termos de concentração e desconcentração. De fato, há vantagens e desvantagens em cada uma das organizações.

Nas organizações descentralizadas, as aquisições são feitas pelos diversos departamentos ou por grupos de departamentos. Como a atividade está próxima do cliente, esse tipo de organização tende a ser mais ágil, oferecendo a devida importância a cada material adquirido. Temos, por exemplo, que dificilmente faltarão os *chips* para as máquinas se a aquisição desse item estiver a cargo do setor de manutenção. Esse item é muito importante para o departamento de manutenção, apesar de a organização como um todo não perceber. Nesse modelo os departamentos seguem políticas empresariais e são dependentes do controle da companhia, mas estão sujeitos à gestão da unidade de negócio.

Já a estrutura centralizada, serão atribuídas todas as atividades de compras da empresa em todos os departamentos. Normalmente, é uma área dependente da hierarquia mais alta da organização e acaba por ser o agente não só pelas tarefas operacionais como também pela própria descrição dos processos de aquisição de toda companhia ou grupo de companhias. Claramente, como em qualquer situação, cada um dos modelos tem vantagens e desvantagens, como mostrado no quadro a seguir:

Quadro 6 – Vantagens e desvantagens dos modelos

	Vantagens	Desvantagens
Estrutura Descentralizada	A responsabilidade pelo desempenho (custo e produtividade) é do setor local	O sistema mais pressionado pode resultar em custos maiores
	Existe um maior controle sobre o processo, visto que a compra é feita localmente pelo setor	Pode ocorrer conflito entre o comprador e o cliente interno, pois eles têm prioridades diferentes. O cliente quer disponibilidade e o comprador, preço e opções de fornecimento
	Resposta mais rápida. O cliente interno está próximo do comprador	Baixa especialização do comprador. Ele adquire todos os materiais, não se especializa em nada
	Comunicação entre o cliente interno e o comprador é mais eficiente devido à proximidade	Qualificação do comprador normalmente menor, pois não é remunerado de modo semelhante a um comprador técnico profissional
	O comprador local conhece o mercado local mais intimamente, podendo utilizar as vantagens características desse mercado	Como as compras são feitas com baixa agregação, os *savings*[38] são baixos

---

[38] O termo *saving* de compra significa a diferença de ganho entre o valor que foi orçado (previsto) pelo que foi efetivamente comprado. Funciona como um indicador, mensurando tanto os aspectos financeiros como de desempenho.

	Vantagens	Desvantagens
Estrutura Centralizada	Em razão dos maiores volumes, o poder de negociação aumenta, reduzindo não só os preços unitários como o custo total de aquisição (custo de pedir)	Menos agilidade na aquisição tanto em termos de tempo como no aumento de processos e burocracias
	A equipe de compras é especializada, frequentemente técnica, e consegue atingir menores preços e melhores condições	Há menos foco no cliente interno. Como é preciso atender a muitos clientes internos, as necessidades e urgências nem sempre são assimiladas e atendidas pelo departamento de compras
	As compras não são tão direcionadas para fornecedores locais, consequentemente, é possível trabalhar com parceiros mais vantajosos	A comunicação entre comprador e usuário é menos direta e eficiente, podendo falhar e causar perda de tempo na negociação, seleção incorreta de fornecedores e especificações deficientes, reduzindo a eficiência e a eficácia das compras

Como cada um dos conjuntos tem suas vantagens e desvantagens, um sistema composto por ambas, mostra-se como o ideal. Compras de maior valor, em maior quantidade e geralmente mais vitais são compradas por um setor centralizado; as compras de menor valor, mais comuns, por compradores descentralizados. Materiais de limpeza, papelaria e de manutenção ficam a cargo de compradores descentralizados. Matéria-prima, serviços, equipamentos, instalações etc. passam a ser obrigação de um setor centralizado.

Continuamente, o valor da compra determina o setor comprador, bem como os níveis hierárquicos de autorização.

15.3. Gestão eletrônica de suprimentos

Você deve ter compreendido quantas vezes reforçamos a expressão redução de custos. Isso porque é uma fixação das atividades de compras. Redução de custos quer dizer comprar apenas o que é essencial, no momento correto, na quantidade necessária e com o menor preço, com qualidade e prazo de pagamentos convenientes, reduzindo os custos resultantes da manutenção de capital de giro.

Um sistema de gestão de compras deve ter múltiplos meios e atributos que permitam encontrar esses objetivos, e os recursos eletrônicos vêm em assistência dessa gestão, permitindo ao responsável atuar satisfatoriamente na dificuldade do processo.

Esses métodos de gestão devem conter algumas funções para que sejam obtidos os propósitos da atividade:

- regras de compras;
- solicitação de compras;
- integração com os estoques;
- restrições de aquisições;
- autorização de compras;
- permissão de compras;
- aprovação de compras;
- autorização eletrônica;
- mensagens de alertas;
- agenda de compromissos;
- segurança tributária e fiscal;
- segurança da informação;
- integração com sistemas da empresa;
- cadastro de produtos e serviços;
- cadastro de fornecedores.

15.4. Gestão de fornecedores e seus indicadores

Como em todas as tarefas gerenciais, as aquisições devem ser programadas, realizadas, monitoradas e corrigidas na medida das obrigações. Trata-se do ciclo PDCA. Isso nos conduz à obrigação de medir os efeitos, para conferir se estamos no caminho certo. Diversos medidores são recomendados para isso, tais como:

- número de pedidos de compras;
- tempo de colocação de pedidos;
- pedidos ainda em aberto;
- valor total de compras efetuadas;
- volume de compras pagas por modalidade de pagamento (à vista em dinheiro, a prazo, cartão de crédito etc.);
- índices de qualidade do fornecedor (por exemplo, porcentagem de atendimentos com defeitos);
- eficácia no desenvolvimento de fornecedores;
- quantidade de coletas de preço por aquisição;

- tempo médio decorrido nas concorrências;
- quantidade média de propostas coletadas;
- controle dos descontos obtidos;
- avaliações de eficácia.

Evidentemente que os itens adquiridos têm importâncias diferentes e, portanto, serão geridos de maneira diferente. Como foi exposto anteriormente, eles deverão ser classificados de acordo com a Lei de Pareto e cada classe ou subclasse administrada com maior ou menor dedicação.

16. DECISÕES LOGÍSTICAS

Alavancagem é um ato de aperfeiçoamento, por meio do qual a logística busca diminuir as imposições consideradas pelo mercado.

A resolução logística de como agir para ganhar espaço no mercado em que atua necessita do tipo de unidade de negócio em que está envolvida, se na indústria, no comércio ou serviços.

Porém, todas essas categorias qualificam três tipos fundamentais de decisões estratégicas:

- serviço ao cliente;
- definição e formação da rede logística;
- análise comparativa entre outsourcing e integração vertical.

O serviço ao cliente é a principal classe de decisões estratégicas logísticas, já que que a logística envolve a entrega do produto certo ao cliente certo, no local certo, no momento certo e com o custo e qualidade certos, o serviço ao cliente é uma referência direta da logística.

Em especial, as empresas têm definido o seu serviço ao consumidor com base no que os seus consumidores querem e não no que de fato precisam. Identificar a necessidade do consumidor é o passo principal na descrição de um método logístico.

A conexão entre dois medidores: custo e serviço ao cliente, chamada de *trade-off* [39], indica o quanto a companhia pretende investir para aperfeiçoar muitas características do negócio (como equipamentos, formação dos trabalhadores, as estruturas e os transportes etc.), o custo e o nível de serviço que responde às necessidades de seus consumidores. É impossível oferecer um plano de serviço ao consumidor que tenha uma estabilidade ótima entre o custo e o serviço.

---

[39] *Trade-off* é uma expressão em inglês que significa o ato de escolher uma coisa em detrimento de outra e muitas vezes é traduzida como "perde-e-ganha"

Determinadas companhias escolhem uma estratégia de reduzir ao mínimo de custos, ao passo que outras preferem uma estratégia de aperfeiçoamento de serviços. Na estratégia de reduzir ao mínimo, a companhia entrega o mesmo produto, entretanto a um custo mais em conta; já na de maximização, a empresa entrega produtos ou serviços que nenhum outro pretendente pode dar. A deliberação sobre qual decidir depende do modelo de empresa, dos produtos que oferece, e do mercado em que disputa. Essas duas perspectivas são geralmente tratadas como estratégias enxutas e dinâmicas.

As estratégias competitivas ajudam uma companhia a entender a concorrência e o mercado em que disputa, para que possa auditá-los e descobrir as falhas existentes e as oportunidades à disposição para complementar essas falhas nas condições dos consumidores.

Em geral, um plano de serviço ao cliente é dividido em três fases: pré-venda, venda e pós-venda.

Controlar essas fases é fundamental para otimizar resultados da empresa. O modelo é determinar, para cada cliente, o conceito de aquisição perfeita, construída pelos elementos tempo, entrega total e sem imprecisões.

Na criação da rede logística, uma empresa deve garantir que a sua organização e fluxo de itens e informação são adequados. Consideram-se as instalações físicas e a rede de comunicação e informação. Essas resoluções são verdades porque a maior parte do capital aplicado é da própria corporação.

Quanto ao local das instalações físicas, se faz primordial indicar número, tamanho, localização e equipamento necessário de suas instalações, ao mesmo tempo com a mudança das existentes, mas sempre levando em conta a atividade do mercado em relação a espaço, volumes distribuídos, oscilações de mercado, economia, impostos etc.

16.1. Outsourcing — terceirização ou parcerias

As decisões relacionadas com o *outsourcing*[40] trazem maior agilidade, mínimo risco de capital investido, um excelente fluxo de caixa e mínimos custos de mão de obra. Porém, o negócio pode perder a gerência sobre o seu método, pode ter extensos prazos de entrega ou faltas, ou ainda trabalhar com uma companhia inapropriada à sua própria descrição. As decisões de *outsourcing* definem quais atribuições devem ser terceirizadas, bem como a essência e extensão dos pactos de terceirização, de modo a defender a companhia de prejuízos, especialmente à sua imagem.

---

[40] *Outsourcing* (ou em português, terceirização) é transferir tarefas, operações, trabalhos ou processos para uma força de trabalho externa, contratando terceiros por um período determinado.

Quando uma companhia é incompetente para construir um item (particularmente um de rotina) ou tem incertezas sobre o volume necessário e os provedores oferecem custos pertinentes ou têm análises sobre o trabalho, então a subcontratação de terceiros parece ser a melhor decisão.

Ao contrário, as escolhas sobre integração vertical, também conhecida em inglês como *insourcing*[41], têm maior controle sobre as entradas e maior visualização sobre o processo. Entretanto, mais agregação exige maior investimento, e há menos agilidade na utilização dos equipamentos. As definições em assunto de integração vertical englobam a natureza da integração, a sua direção (descendente para os clientes ou ascendente para os provedores), e a sua amplitude (que tarefas, partes, ou componentes devem ser incluídos).

Na integração vertical, o departamento que foi terceirizado é recolocado dentro da empresa, originando uma área dirigida a um serviço ou trabalho específico. Ela é usada quando a empresa:

- quer integrar as operações da fábrica;
- precisa ter controle direto sobre a produção e qualidade;
- deseja algum segredo industrial ou comercial;
- não tem fornecedores fiáveis ou tecnologia de produção estratégica para a empresa.

A partir da década de 1980, muitas organizações entenderam, que não podem fazer a totalidade, motivo pelo qual analisaram a terceirização para evitar peças ou atividades que não têm qualquer competência para o seu negócio. Passaram a dedicar-se a melhorar sua atividade-fim, o âmago de seu negócio.

---

[41] *Insourcing* se refere à ação de trazer de volta para dentro da empresa esses serviços que já foram terceirizados em algum momento.

17. A LOGÍSTICA E OS CANAIS DE DISTRI-BUIÇÃO DA INDÚSTRIA

A logística da indústria responsabiliza a todas as funções de programação, articulação e serviços necessários para alcançar as atividades de fabricação.

O campo da logística de fabricação inicia-se a partir do ponto em que as necessidades do cliente final são definidas, e estende-se até o ponto em que essas necessidades são resolvidas. Nesse processo, o fluxo de material, informação e serviço pode ir além das fronteiras da empresa, industriais e nacionais.

A administração da complexa multiplicidade de tarefas nesse ambiente coloca problemas ao processo de fabricação.

Hoje a logística industrial pode ser vista como uma área de exploração acadêmica que envolve muitos aspectos de desenvolvimentos na logística da cadeia de abastecimento. Igualmente pode ser vista como uma dominação de problemas industriais em crescimento que são encorajados por novidades tecnológicas e pela economia global, concedendo oportunidades para os responsáveis pela logística, e melhorando o grau de produção e dos produtos, que serão capazes de atender clientes com diversos perfis.

Compreendendo-se que uma indústria hoje disponibiliza vários materiais, fracionados ou não, atendendo amplas áreas, a parte da logística responsável pela indústria relaciona-se à engenharia de produção para exercer importância na tomada de decisões das empresas e na inovação de softwares.

Assim, as tecnologias de informação e comunicação (TICs) colaboram para moldar as dúvidas e a eventualidade dessa situação no qual vivemos neste momento.

Além de tudo, a tarefa da logística de fabricação limita-se a reduzir os prazos desde o momento em que uma ordem de trabalho é feita até se tornar um produto acabado.

São fatores essenciais na logística usada nos processos industriais: a descrição de possíveis terceirizações e a gestão de armazenagem de matérias-primas, que é essencial para se conseguir uma produção mais imediata. Para tanto, o estoque tem de ser capacitado de gerir os dois tipos de procura que afetam a logística de fabricação.

O primeiro é a procura do consumidor final, quer fundamentada em previsões de vendas, quer em encomendas feitas ao centro de produção. O segundo é a procura da própria indústria, em que todas as matérias-primas essenciais para criar o produto são pedidas ao armazém pelo processo de produção.

A administração das áreas de produção e logística estende o controle desses dois tipos de procura e a empresa de armazéns industriais com base em cada tipo. As instalações de estocagem ligadas às unidades de produção podem: armazenar produtos acabados, peças, matérias-primas (utilizadas no processo de fabricação), itens ou peças sobressalentes para o serviço pós-venda.

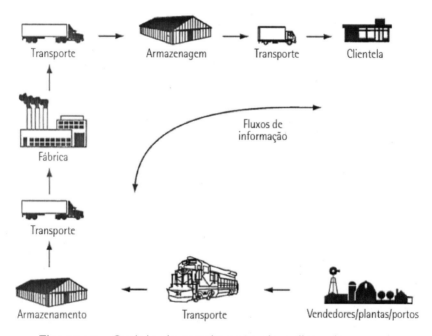

Figura 13 – Cadeia de suprimentos imediata da empresa
Fonte: Ballou (2007, p. 30).

18. A RELEVÂNCIA DA LOGÍSTICA PARA O COMÉRCIO VAREJISTA

No setor varejista, as operações logísticas são estratégicas para o êxito das lojas.

O comportamento logístico não é entendido apenas como uma atividade operacional, mas sim como uma inconstante estratégica e um fator-chave para a felicidade do cliente.

Com certeza, quando as carências do cliente não são resolvidas, os efeitos da decepção podem se multiplicar, uma vez que esse cliente pode não só mudar suas práticas e ir para outra loja concorrente, mas também propagar sua capacidade negativa entre outros consumidores.

Hoje, a prática de satisfação do cliente é um novo pensamento na pesquisa de marketing.

Um pensamento não evidente, amplificado pelas TICs. Cabe à empresa a formação de uma sensação de felicidade, para que essa relação seja bem-sucedida e sustentável, com a preparação de ambientes apropriados, capacitação de colaboradores, recursos tecnológicos, espaços confortáveis e ofertas de mais serviços.

Ao metodizar a administração de compras, o armazém e a quantidade de itens, o abastecimento dos pontos de venda, a interação do marketing com a estrutura da loja, e a distribuição física dos itens nas prateleiras, o desempenho logístico no varejo visa a interação entre os clientes e a sua compreensão do serviço. Colabora para o desenvolvimento de estratégias de venda e para o design das lojas, com o propósito de criar a vivência de felicidade e satisfação dos consumidores e sua resultante fidelização.

Supermercados, lojas de departamento, de conveniência ou de especialidades, todos os perfis varejistas no mercado contemporâneo procuram expandir essa fidelização, inclusive aumentando outros serviços (como, por exemplo, a cessão de cartões, garantia estendida, e outros). Porém, todos têm sempre em mente que o cliente procurará escolher aquele que atender a suas necessidades.

Uma clara adversidade nesse setor, para o responsável de logística, é a quantidade de itens fragmentados oferecidos, pois eles exigem controle e rastreabilidade ainda mais caprichados. Essa quantidade de dados complica a capacidade preditiva e a bom retorno ao cliente.

As cadeias de abastecimento estão mais expostas que em outros tempos. Explícitas em logomarcas nos caminhões de entrega, caixas de produtos, códigos de barra ou *QR codes* que identificam cada material, atendimento ao cliente nos portais de internet dos fabricantes: tudo constrói uma estrutura visível para o cliente.

Desta forma, espera-se que os varejistas forneçam aos consumidores uma visão de qualidade mais elaborada sobre todas as minúcias da cadeia de abastecimento em que estão inseridas. A companhia deve responder às questões de seus consumidores, por exemplo: quem elaborou o produto e onde, do que é feito, quantos estão na loja local, onde está a minha entrega nesse momento? Isso expressa que a própria logística cria um modelo no qual os seus erros e fraquezas são expostas como nunca.

É nessa situação que o administrador em logística que trabalhar nesse setor tem que se aprimorar: em atingir os acertos e corrigir os erros da cadeia de suprimento, sempre buscando utilizar todos os recursos tecnológicos e o maior número de dados possível.

19. IMPORTÂNCIA DA LOGÍSTICA EM SERVIÇOS

Recentemente o Council of Logistics Management (Conselho de Gestão Logística) encomendou estudos para determinar o potencial de aplicação dos princípios logísticos nas organizações de serviços, algo ainda mais difícil de ser mapeado.

O papel da logística nas prestações de serviços tem que atender de maneira estratégica à demanda, considerando alguns pontos, como:

- O serviço: é aquilo que o consumidor entende que está sendo oferecido?
- Lugar e tempo: a entrega de componentes do serviço para os clientes abrange definições sobre o lugar e o tempo da entrega. Pode abranger canais de distribuição física ou eletrônica ou ambos, conforme a natureza do serviço que está sendo fornecido.
- Processos: quando os processos não estão avançados e são imperfeitos, acontece a insatisfação do cliente, tornando a entrega burocrática e demorada. Assim, todo o trabalho dos funcionários da linha de frente é envolvido, pois há diminuição na produtividade e aumento nas falhas dos serviços. Planejar as necessidades de recursos e demanda é fundamental.
- Produtividade e qualidade: a logística tem como objetivo fazer com que esses dois elementos sejam vistos pela empresa de uma forma simultânea, pois a produtividade é o principal para reduzir os custos, e a qualidade do serviço é importante para diferenciar o produto e, assim, fidelizar o consumidor.

Observando serviços prestados ao cliente por redes de telecomunicações, desde telefonia, internet, *streaming*, deduz-se que mesmo o trânsito global da internet exige um cuidado na aplicação da logística de informações.

Outros serviços também já protocolam fluxogramas e controles bem claros do caminho das informações até chegar ao atendimento adequado do consumidor: hospitais, hotéis, companhias aéreas, restaurantes, bancos, entre outros.

Assim, a logística de serviços é definida como a administração de atividades que atendem aos consumidores numa base individual e prevê a entrega de benefícios, processos de entrega, orientação de entrega, planejamento de resposta, e uma forma de serviço ao consumidor que se centraliza nas necessidades particulares dele.

É possível considerar que todos os departamentos utilizam opiniões fundamentais da logística e da engenharia de produção, mas cada um com uma perspectiva final diferente. A indústria procura um atendimento de excelência, mais amplo, o varejo utiliza as informações do marketing para fidelizar perfis de clientes em suas lojas e os serviços levam a experiência da qualidade do atendimento ao consumidor.

Frente a momentos de insegurança econômica, os responsáveis devem aprender a administrar crises, em toda a cadeia de suprimentos, o que implica aumentar a atenção nesses conceitos da logística, os indicadores que permitirão correções estratégicas.

20. SEGMENTAÇÃO DE MERCADO E SERVIÇOS LOGÍSTICOS

20.1. Conceitos de marketing

Os princípios do marketing direcionado ao cliente nos ensinam que a estratégia de negócios precisa ser focada no cliente, seja ele qual for, no tamanho em que é esse consumidor que confere valor às operações. Entender as necessidades e vontades dos clientes é o pilar da construção estratégia do negócio em si e da logística.

Bowersox et al. (2014) afirmam que o conceito de marketing se concentra em quatro ideias fundamentais:

- As necessidades e os requisitos dos clientes são mais importantes que produtos ou serviços.
- Clientes diferentes têm necessidades e requisitos diferentes.
- Bens e serviços só se tornam expressivos quando prontos e posicionados a partir do entendimento do cliente, que é o foco da estratégia logística.
- Volume é menos importante que lucro.

Observe cada um desses conceitos.

As necessidades e os requisitos dos clientes são mais importantes que produtos ou serviços porque é necessário entender as oportunidades de mercado mostrando o ideal de combinação possível entre produtos e serviços. Não tem significado algum oferecer ao mercado um produto com cinco possibilidades de cores diferentes se o mercado quer apenas duas e, ao inverso, disponibilizar um produto só na cor preta se o cliente deseja ter outra possibilidade de cor. Uma estratégia bem-sucedida inicia-se com a correta identificação das condições desejadas pelos consumidores.

Clientes diferentes têm necessidades e condições distintas porque não há um único mercado para um produto ou serviço. Os mercados são compostos de vários blocos, cada um deles com necessidades e condições próprias. Segmentar o mercado equivale a separar e agrupar os clientes (e potenciais clientes) em diferenciados grupos de acordo com suas características. Geralmente se usa quatro bases de segmentação, conforme a figura a seguir:

A ideia é que aqueles que são de um mesmo grupo mostram características similares e, assim, conclui-se que tenham um comportamento igual.

Não existe um modelo único e forçoso de segmentação. Os clientes finais ou empresariais podem ser unidos com base em suas características geográficas (localização dos pontos de entrega); demográficas (tamanho da empresa); comportamentais (regularidade com que compra; e a sua capacidade de compras) etc.

As empresas segmentam seu mercado a apoiado em características naturalmente identificáveis, que geralmente fazem um grupo do banco de dados de consumidores da empresa. Dimensões como localização, faturamento, volume de compras, fluxo de compras entre outros. Desta forma uma empresa pode determinar estratégias, de acordo com a grandeza do cliente ou local dele. Pode, por exemplo, ter políticas diferentes para aqueles que adquirem em maiores quantidades dos que compram em menores quantidades ou então ofertar prazos de entrega distintos de acordo com a região geográfica, entregas no Sudeste do Brasil podem ser mais rápidas do que no Norte ou vice-versa. Pode ainda ofertar produtos de diferentes níveis de perfeição de acordo com o segmento econômico específico (classe social).

Constata-se que a identificação desses segmentos com algumas peculiaridades em comum indique possibilidades semelhantes e assim os serviços oferecidos possam ser ajustados a cada segmento. Esse conceito traz dois riscos. O primeiro é que não necessariamente todos os clientes de um mesmo segmento terão dificuldades iguais, e segundo, essas dificuldades (do grupo) foram definidas de modo reativo, ou seja, feitas depois da definição da mesma associação.

Suponha que fragmentemos nossos consumidores por idade. Nenhuma chance garante que os nossos clientes na faixa de, digamos, 60 a 70 anos terão as mesmas carências de serviço. Pessoas nessa idade são consideradas como mais resistentes às inovações, o que pode mostrar para a empresa que evite o uso da internet, mas isso não é realidade para todas as pessoas dessa idade. Inclusive, essa imagem de que pessoas dessa idade são resistentes à tecnologia é uma verificação feita depois, ou em outras palavras, depois que a segmentação foi elaborada.

Uma alternativa a essa forma de segmentação é a formação dos segmentos a partir das perspectivas relativas aos serviços a serem prestados aos clientes pelos seus provedores. Desta maneira, ao contrário do habitual neste método, é preciso em primeiro lugar identificar as necessidades do cliente, para aí então agrupá-los. Desta forma, cada segmento existirá se existirem carências individuais e diferenciadas.

Essa segunda alternativa, que alguns autores dão o nome de "segmentação por benefícios" é muito mais trabalhosa que a tipicamente usada, mais simples e de implantação mais básica, por ser automática e fazer uso de dados complementares. Porém, é a que se encontra mais perto do objetivo final da segmentação, ou melhor dizendo, dividir o mercado para que as estratégias e políticas de serviço sejam capazes de ser caracterizadas de modo a atender aos diferentes requisitos dos consumidores, simultaneamente em que orienta os recursos de forma eficiente e eficaz.

Maria Fernanda Hijjar (2000) declara:

> É importante perceber, entretanto, que apesar da existência de algumas restrições, a segmentação realizada a partir das expectativas dos consumidores pode levar a um melhor planejamento dos serviços a serem oferecidos. Como consequência, consegue-se gerar uma maior garantia de que o esforço logístico adicional, necessário para a melhoria do nível de serviço, está sendo percebido pelo cliente como algo de valor.

A organização provedora deve estar atenta ao consumidor e no estabelecimento do produto.

Bowersox et al. (2014) consideram que quatro utilidades econômicas agregam valor e as relaciona com as funções organizacionais.

- Forma do produto é em sua maior parte gerada pela função produção, ou seja, pelas operações de manufatura. Um aparelho de televisão é formado pela junção de peças, placas e componentes que lhe confere forma e desempenho.
- O desejo de propriedade é criado por marketing ao informar a existência do produto ou serviço, suas características e desempenho e criar as condições de comercialização.
- O tempo e o lugar são utilidades fornecidas pela logística. Significa que a logística deve garantir que o produto ou serviço esteja disponível quando e onde o cliente desejar, o que normalmente tem um custo alto e significativo para a empresa fornecedora.

O sucesso das transações só acontecerá quando as quatro utilidades forem combinadas de modo considerável para os consumidores.

Volume é menos importante que lucro porque as operações só são relevantes ao longo do tempo para uma companhia se voltarem uma margem de lucro importante.

O êxito para a companhia é o nível de lucratividade com que opera e não o volume vendido. Assim, alterações nas quatro utilidades essenciais, forma, propriedade, tempo e lugar, só encontram fundamentos se o consumidor ou o segmento de mercado identificar o valor da variação e pagar por ela. A estratégia de marketing baseia-se na observação de que todas as características envolvidas podem receber alterações desde que sejam explanados pelos lucros obtidos.

Afirmemos que sua empresa, produtora de máquinas refinadas determine oferecer o serviço de um instalador para cada máquina vendida. Se o mercado reconhecer isso como valor e se predisponha a pagar mais, a estratégia é justificada, mas se isso não ocorrer sua companhia estará incluindo um custo que diminuirá a lucratividade, mesmo que você venha a vender mais máquinas com essa alegação para as vendas.

20.2. Marketing orientado ao cliente

Estratégias habituais de marketing aglutinam-se nas trocas comerciais, operações isoladas de curto prazo e sem qualquer garantia de reincidência. É o que se habitua chamar de marketing transacional, está direcionado para a transação comercial em si. O objetivo é obter sucesso em uma determinada transação ou grupos de transações sem a preocupação com relações de longo prazo entre provedor e consumidor.

Com o desenvolvimento dos conceitos de administração da cadeia de suprimentos surge o conceito de relacionamento mais duradouro entre os parceiros comerciais. A esse conceito chamamos de marketing de relacionamento e tem como meta a relação de longo prazo entre todos os elos da cadeia, como os consumidores finais, intermediários e provedores. Nesse modelo de marketing está implícito que é tão interessante conseguir novos clientes como conservar a fidelidade dos consumidores existentes e se possível obter superiores parcelas das suas compras.

A maior segmentação possível, aliado ao marketing de relacionamento é concentrar-se em relação individual com o cliente. É o que se chama de estratégia de micromarketing ou marketing *one-to-one*[42]. Nessa estratégia, a empresa fornecedora customiza sua logística aos desejos e requisitos individuais de cada consumidor. Uma empresa que abastece duas redes de supermercado deverá pesquisar os desejos de cada uma delas e projetar operações específicas para cada uma.

Uma montadora de automóveis pode desejar receber determinados componentes *just in time*[43] a partir das instalações do provedor durante o tempo em que outra pode desejar que esses componentes sejam produzidos pelo fornecedor, dentro das instalações da montadora.

Nem todas as organizações desejam utilizar o marketing *one-to-one*[44], mas eles podem diminuir consideravelmente os custos de transação, adaptando-se melhor às necessidades dos clientes e tornar hábitos as transações individuais.

20.3. Serviços na cadeia de suprimentos

Não existe na sociedade atual algum indivíduo ou alguma empresa que seja completamente autônoma.

As empresas e indivíduos produzem e vendem produtos e serviços que atendem consumidor e que foram feitos a partir de materiais vindos de provedores. Cada elo precisa do anterior e é demandado pelo posterior. Isso cria erros de espaço, tempo e quantidade/variedade.

A ocorrência desses erros é fácil de entender. As produções e os consumos dificilmente são feitos no mesmo espaço. Por exemplo, grande parte da indústria moveleira do Brasil localiza-se na região Sul, porém o maior

---

[42] Marketing *one-to-one* é um conceito que coloca o cliente no centro das ações de marketing da sua empresa. Em um mercado em que o consumidor está cada vez mais informado e exigente, o tratamento personalizado que essa estratégia oferece pode ser o diferencial responsável por reter o seu possível cliente.

[43] No *just in time* tudo ocorre no seu devido tempo, nem antes, nem depois. Essa metodologia evita o estoque parado e o desperdício de matéria-prima.

[44] *one-to-one* significa razão/proporção/relação de um para um (1:1)

mercado consumidor está no Sudeste. Temos aí uma discrepância de espaço: o móvel é feito no Rio Grande do Sul, mas é consumido no Rio ou em São Paulo. Esse erro causa impactos consideráveis nos aspectos relacionados a transportes e estocagem.

Os calendários irregulares de produção e consumo produzem erros de tempo. Alguns itens são produzidos bem antes de serem utilizados. Safras agrícolas são sazonais, enquanto o consumo permanece durante o ano inteiro. Alguns produtos são consumidos em um curto espaço de tempo, em altos volumes, logo, tem que ter sua produção acelerada, como, por exemplo, os ovos de páscoa. Isso leva a custosos processos de formação de estoque e armazenagem.

Visando operações produtivas as companhias preferem, se possível, produzir enormes quantidade de um número reduzido de materiais. Já os clientes demandam uma quantidade pequena de um número grande de materiais. Isso cria um erro do volume/variedade. Alguma estratégia deve ser pensada para conciliar esse erro de modo a atender ao consumidor.

Bucklin (apud BOWERSOX et al., 2014) sugere para eliminar as diferenças, quatro resultados genéricos do serviço, necessários para satisfazer os requisitos dos consumidores:

- conveniência geográfica;
- tamanho do lote;
- tempo de espera ou de entrega;
- variedade de produtos.

Claramente temos que consumidores diferentes apresentam exigências diferentes, o que requer múltiplas estruturas da cadeia de suprimentos para amparar a essas diferenças.

A conveniência geográfica é a facilitação da oportunidade de compras por parte do cliente. Altos níveis de conveniência geográfica estão conectados a flexibilidades dos produtos em vários pontos de vendas, o mais próximos possível do cliente. Caso você queira comprar um sabonete Palmolive, por exemplo, é só ir a qualquer hipermercado, já um sabonete Phebo é encontrado em um número menor de lojas.

O tamanho do lote refere-se à parcela mínima que pode ser adquirida. Caso você queira comprar uma única unidade de seu pão de forma preferido, o mercadinho da esquina te atende, mas provavelmente cobrará mais caro que um atacadista como Sam's Club. Mas no Sam's Club pode ser que você só consiga comprar, por exemplo, em lotes de 24 pães de forma. Lotes pequenos inclinam-se a ser mais dispendiosos, lotes maiores a ter custo unitário menor, mas incide-se em custos de estocagem entre outros.

O tempo de entrega, geralmente chamado como *lead-time*, é o intervalo de tempo entre a declaração de compra do cliente e seu concreto atendimento. Você pode comprar um tênis, se deslocando até o shopping center mais próximo e obter o produto, praticamente sem esperas, mas pode realizar a compra pela internet e aguardar um tempo. Quanto maior o atraso na entrega, maior a impaciência do consumidor, mas que pode ser premiado por preços mais convenientes.

A variedade de produtos se relaciona com o oferecimento de variedade aos consumidores. Um supermercado pode oferecer várias dezenas de marcas e tipo de bebidas. O despretensioso mercado de esquina terá uma variedade mínima, mas ainda importante. A loja de conveniência de um posto de gasolina terá apenas três ou talvez quatro marcas. Oferecer variedade expressa ampliar o número de itens nos estoques, que é um importante componente de custo das organizações.

Além dessas dimensões outras poderão surgir, tais como informação, customização dos produtos, apoio pós-vendas etc., que para alguns consumidores podem ser ainda mais críticos do que os citados anteriormente. É importante perceber que os mercados não são homogêneos onde todos os consumidores têm as mesmas possibilidades de serviço. Ocorrem divergências de percepção da qualidade do serviço, na definição de qual serviço é mais importante e qual o nível de serviço esperado.

Você pode desejar adquirir um computador o mais rápido possível ou pode concordar em esperar vários dias para que seu computador respeite suas preferências.

É significativo reparar que os consumidores divergem muito em termos de preço que estão predispostos a pagar pelos serviços. Níveis elevados de serviço custam caro. Nem sempre um consumidor está preparado para pagar por um menor prazo de entrega ou pela maior interesse de aquisição ou por outra resposta seja qual for dos serviços logísticos.

21. INDICADORES ESTRATÉGICOS

21.1. Análise de custo versus nível de serviço

Atender aos desejos e necessidades dos clientes em relação aos resultados do serviço é condicionante para a configuração das cadeias de suprimentos, estabelecendo que tipo de companhia pode colaborar para atender a necessidade de serviço e os custos resultantes.

Para compreender essa lógica, vamos permanecer em análises mais específicas dos resultados dos consumidores no contexto logístico.

Três níveis de comprometimento da operação logística com o cliente são possíveis:

- serviço ao cliente;
- satisfação do cliente;
- sucesso do cliente.

21.2. Serviço ao cliente

Podemos definir serviço ao cliente como o papel da logística na performance do conceito de marketing, que é o serviço ao consumidor, o que a logística pode e deve oferecer à companhia para atender os propósitos mercadológicos.

Estabelecer um plano de serviço ao cliente é definir os padrões de performance das atividades e medir a performance em relação a esses padrões. Os planos logísticos essenciais centralizam-se nas perspectivas operacionais conformando que a empresa ofereça o chamado de os sete "certos" do atendimento logístico: a quantidade certa do produto certo no momento certo no local certo nas condições certas pelo preço certo com a informação certa.

Claro está que a excelência no serviço ao consumidor incorpora valor em toda a cadeia de suprimentos, contudo isso carrega uma preocupação fundamental: qual o desembolso a ser arcado para que uma determinada performance nos serviços seja alcançado e é aconselhado fazer esse investimento?

A estratégia básica do serviço ao cliente é obtida a partir do entendimento da performance dos concorrentes e do grau de vulnerabilidade dos consumidores aos atributos oferecidos.

Os atributos essenciais podem ser identificados como:

- disponibilidade;
- desempenho operacional;
- confiabilidade do serviço.

Disponibilidade se constitui em ter o produto armazenado quando o consumidor o solicita. Muitas vezes uma série de esforços para despertar a compra do produto é anulada pela sua falta em armazém. Estoques são encarregados pela maior parte dos custos de uma operação e a flexibilidade está ligada a eles. Grandes estoques admitem maior disponibilidade, mas devido aos custos, o grande problema é dedicar-se ao planejamento que motive maior disponibilidade a custos admissíveis. Esse planejamento parte dos cuidados com a demanda, nem sempre com muita precisão. Também, os valores médios nem sempre ajudam no ajustamento da armazenagem e na conquista da disponibilidade.

Três indicadores contribuem para determinarmos o nível de disponibilidade que nossa operação está promovendo:

- Frequência de falta de estoques: acontece quando a companhia não tem produtos para oferecer ao consumidor. O total de todas as faltas de estoque mostra o posicionamento da empresa em relação ao atendimento dos consumidores, independentemente de não diferenciar materiais mais vitais de outros menos vitais.
- Taxa de atendimento: o fato de um item estar em falta no armazém não indica o real impacto disto, visto que se o consumidor não solicitar o material não haverá efeito dessa escassez. A taxa de atendimento revela o efeito sobre o atendimento. Essa taxa pode ser individualizada por material ou consumidor analisando o nível de atendimento. Caso um consumidor solicite dez unidades e só existem quatro para atendimento, a taxa nesse caso estará em 40%. Essa taxa mostra uma visão do problema, mas não são completas. Um atendimento de 40% pode ser apropriado caso o consumidor tenha alguma flexibilidade, mas nada inferior a 100% será aceitável se ele tiver a produção parada por falta do material.
- Pedidos completos enviados: é o indicador mais certo. Refere-se à quantidade de pedidos que foram ofertados de modo correto,

sem faltar qualquer elemento. Caso o cliente tenha pedido cinquenta unidades, todas as cinquenta foram enviadas. A falta de um material converte o pedido incompleto, o que é registrado como inaceitável.

A combinação destes três itens mostra como a companhia se posiciona em relação à disponibilidade mostrando se as estratégias de armazenagem estão atendendo ao essencial. Ela irá parametrizar as políticas de armazenagem. Estoques enormes crescem a disponibilidade, mas também os custos, estratégias recentes fundamentada nas tecnologias da informação admitem que a disponibilidade seja excessiva sem que isso aconteça com a estocagem e o custo.

Desempenho operacional relaciona-se com o tempo efetivo para atender o consumidor, em diversos pontos de vista, manufatura, entrega de suprimento etc. O desempenho operacional é dependente de quatro fatores: velocidade; consistência; flexibilidade e recuperação de falhas.

A velocidade é função do tempo decorrido essencial para o atendimento do consumidor. Inclui o lead-time, mas não é somente no tamanho em que um aumento de velocidade em atividades não notadas pelo cliente (característica do *lead-time*) pode diminuir o tempo de fases notados por ele.

Essa velocidade é decorrente do projeto do modelo logístico e devido à combinação atual do aumento das exigências competitivas; evolução na tecnologia das comunicações e transportes pode produzir fases de horas de acordo com a natureza da operação, essa fase pode durar dias, meses e até anos. Pense em você como cliente, a velocidade que você exige ao comprar um hambúrguer num *fast-food* e ao comprar uma casa na planta. Os tempos são desiguais, mas você deseja uma rápida performance de ambas as fases.

A velocidade é componente essencial da estratégia da maioria das operações na dimensão em que fases rápidas diminuem as insuficiências de estoques, inclusive aqueles percebidos pelos consumidores. Entretanto, ampliar a velocidade significa um acréscimo no custo total.

Assim, a busca de uma melhor saída de compromisso na qual o valor da velocidade do serviço é percebido pelo consumidor justifica os custos implicados.

Consistência é a capacidade de manter a constância dos ciclos do modo que foram projetados. A irregularidade nos momentos de fase é muito mais sentida negativamente pelos consumidores do que o tempo em si. Variações no tempo de fases significam imprevistos para os consumidores e contratempos desagradáveis, que levam a assumir estoques de segurança e estratégias que terão resultados nos seus custos. Essa apresentação é essencial para que uma operação logística seja eficaz, os consumidores notam esses fatos como pontualidade de entrega e valorizam muito essa apresentação.

Flexibilidade é a capacidade dos sistemas logísticos de atender a alterações nos pedidos já entregues. O dinamismo e a instabilidade do ambiente de negócios atual levam muitas vezes nossos consumidores a pedir alterações em que foi feito o pedido, alterações como: modificação de acertos básicos, por exemplo, endereço de entrega; mudança nos programas de vendas ou marketing; lançamentos de novos produtos; substituições de produtos defeituosos; interrupção de atendimento; atendimento a clientes especiais; modificações no produto já dentro do sistema logístico e principalmente alterações de volume ou mix. Ser flexível é a alma da excelência logística.

Um programa de recuperação de defeitos é necessário visto que defeitos, por mais inconvenientes que sejam, irão ocorrer em qualquer sistema logístico. Alternativas desenvolvidas envolvem esses defeitos com ciência do consumidor ou não. Um volume extraviado no transporte deverá ser reposta com rapidez através de um processo especial: burocracias, separações de material e transporte fora normal, para que sejam mais acelerados e não comprometam o serviço ao cliente.

Confiabilidade do serviço é a capacidade da empresa fazer todas as atividades do pedido de forma correta. Confiabilidade abrange inúmeros outros fatores como embarques sem danos, documentação certa, entregas nos locais estabelecidos etc. Outro aspecto importante é a disponibilização de informações. Os consumidores detestam ser surpresos. Informar problemas acontecidos guia o consumidor, deixando que ele se planeje para as complicações. Muitos consumidores aceitam pedidos parciais, desde que avisados previamente.

Não adianta oferecer a quantidade correta no local certo, se a documentação tiver falhas, ou então se a carga estiver avariada ou então se houver demora. Normalmente as companhias criavam medidores para cada uma dessas dimensões, por exemplo, rol de pedidos entregues sem erros de documentação.

Esse raciocínio traz um erro estatístico. Pense que a empresa controle quatro dimensões, todas elas com 99% de possibilidades de não ocorrer falhas. A possibilidade total de não ocorrer falhas será, portanto, de 0,99 x 0,99 x 0,99 x 0,99 = 0,9606 ou 96,06%.

Isso aponta que em cem pedidos, 96 estarão perfeitos, mas sugere que quatro estarão com erros. Atualmente dentro dos conceitos de zero defeito ou seis sigmas isso pode não ser lógico para um serviço logístico perfeito. Isso leva a companhia a tentar o pedido ideal.

Os defeitos mais habituais no atendimento logístico podem ser vistas no quadro a seguir:

Quadro 7 – Falhas mais comuns nos pedidos

Quantidades Erradas (para mais ou para menos)
Itens errados
Atraso ou adiantamento da entrega
Informações insuficientes ou incorretas (exemplo: preços ou códigos promocionais)
Modal de transporte errado
Destino errado
Documentação incorreta (exemplo: conhecimento de embarque, fatura, Nota Fiscal)
Itens danificados
Carregamentos ou sequenciamento de carregamento incorretos
Processamento incorreto de pagamento

Fonte: Bowersox et al. (2014, p. 68).

Nem sequer será possível oferecer a todos os consumidores uma estratégia de zero defeito, mas a perseguição dessa estratégia levará a um nível de desempenho alto. A ideia de fabricar pedidos perfeitos tem um custo elevado, lastreado em altas armazenagens, mas que pode ser diminuído com o uso da tecnologia da informação, relacionamentos inovadores com provedores e clientes entre outras possibilidades.

A combinação de disponibilidade, desempenho e confiabilidade forma um volume que deve ser conhecido pelo consumidor em termos de nível de atendimento oferecido. Esse nível, muitas companhias indicam por comparação com os concorrentes, mas é frequente que estratégia de serviço ao cliente possa ser uma vantagem competitiva da companhia. Esse nível de atendimento ao cliente é mensurado através de modelos internos que devem ser transpostos, visto que oferecer zero falha é algo nem sempre possível ou atraente. Exemplos desses modelos: atender aos pedidos em até 8 horas ou taxa de pedidos de 98%. Esses modelos serão acompanhados e indicam o real nível de serviço oferecido.

21.3. Satisfação do consumidor

Satisfazer o consumidor é um conceito profundo em marketing e significa atender as esperanças do consumidor. O contratempo é como saber com precisão quais são as esperanças dos consumidores e de cada cliente na medida na grande abstração contida nessa definição.

Quando um consumidor faz negócios com um provedor ele tem uma série de esperanças, muitas delas controladas por medidores internos, mas quais seriam essas esperanças?

Bowersox et al. (2014) citam um estudo de Parasuraman, Zeithaml e Berry no qual são listados dez tipos de esperanças criadas pelos clientes. Demonstramos as características dessas dez expectativas.

Confiabilidade. A confiabilidade é um dos aspectos da plataforma de serviços básicos da empresa. Neste contexto, no entanto, ela se refere ao desempenho de todas as atividades, conforme prometido pelo fornecedor. Se este promete fazer uma entrega no dia seguinte ao pedido e a faz em 2 dias, ele é considerado não confiável. Se o fornecedor aceita um pedido de cem caixas de um produto, implicitamente ele está prometendo entregar as caixas. O cliente espera e só fica satisfeito com o fornecedor se todas as caixas são entregues. Os clientes julgam a confiabilidade considerando todos os aspectos da plataforma de serviços básicos. Portanto, eles têm expectativas em relação a danos, acurácia da documentação etc.

Capacidade de resposta. A capacidade de resposta se refere às expectativas dos clientes em relação à disposição e à capacidade de o fornecedor prestar um serviço imediato. Isso se estende para além da mera entrega e inclui questões relacionadas a uma rápida resposta a dúvidas e à solução de problemas. A capacidade de resposta é claramente um conceito orientado pelo tempo, e os clientes têm expectativas acerca da administração dos prazos de todas as interações.

Acesso. O acesso envolve as expectativas do cliente relacionadas à facilidade de contato e de aproximação com o fornecedor. Por exemplo, é fácil fazer pedidos, obter informações acerca do estoque ou do status do pedido?

Comunicação. Comunicação significa manter os clientes informados de modo proativo. Em vez de aguardar os questionamentos do cliente quanto ao status do pedido, os clientes têm expectativas relacionadas à notificação do status pelo fornecedor, especialmente quando surgem problemas com a entrega ou a disponibilidade. Os clientes não gostam de ser surpreendidos, e é essencial um aviso antecipado.

Credibilidade. A credibilidade refere-se às expectativas do cliente de que as comunicações do fornecedor são, de fato, confiáveis e honestas. Embora seja questionável que fornecedores enganem seus clientes intencionalmente, a credibilidade também inclui a noção de integridade na comunicação necessária.

Segurança. A segurança lida com os sentimentos de risco ou dúvida do cliente ao negociar com um fornecedor. Muitas vezes, os clientes fazem planos com base em sua previsão acerca do desempenho do fornecedor. Por exemplo, eles assumem riscos quando programam a produção e realizam as configurações de máquinas e linhas de produção em antecipação à entrega. Se os pedidos se atrasam ou chegam incompletos, seus planos têm de ser alterados. Outro aspecto da segurança lida com as expectativas do cliente de que suas negociações com um fornecedor serão confidenciais. Isso é especialmente importante em arranjos da cadeia de suprimentos, quando um cliente tem um acordo de operação exclusivo com um fornecedor que também atende a seus concorrentes.

Cortesia. A cortesia envolve a educação, a simpatia e o respeito do pessoal que tem contato com os clientes. Isso pode ser um problema especialmente incômodo, visto que os clientes podem ter contato com inúmeros indivíduos na organização, desde representantes de vendas até pessoal de serviço ao cliente e motoristas de caminhão. A falha de um indivíduo pode destruir os maiores esforços de todos os outros.

Competência. A competência é julgada pelos clientes em cada interação com um fornecedor e, assim como a cortesia, pode ser problemática porquê é percebida em todas as interações. Em outras palavras, os clientes julgam a competência dos motoristas de caminhão no momento das entregas; do pessoal dos depósitos quando os pedidos são verificados; do pessoal de serviço ao cliente quando precisa telefonar para a empresa; e assim por diante. A falha de um indivíduo em demonstrar competência afeta a percepção do cliente sobre a organização como um todo.

Tangíveis. Os clientes têm expectativas acerca da aparência física de instalações, equipamentos e pessoal. Considere, por exemplo, um caminhão de entregas que está velho, danificado ou em condições ruins. Tais características tangíveis constituem pistas adicionais usadas pelos clientes como indicadores do desempenho total de uma empresa.

Conhecimento do cliente. Embora os fornecedores pensem em grupos de clientes e segmentos de mercado, os clientes pensam em si mesmos como únicos. Eles têm expectativas em relação aos fornecedores entenderem essa exclusividade e estarem dispostos a atender a seus requisitos específicos.

Fonte: Bowersox et al. (2014, p. 70).

Acontece que notar que avaliar as esperanças dos consumidores é algo bem complicado, em especial porque a conduta do cliente é diferenciada em cada um dos seus diferenciados departamentos. Um provedor pode ser visto de uma forma pelo departamento de compras e de forma diferente pelo departamento de produção, na medida em que os departamentos criam expectativas a partir de desiguais carências.

Apesar dos problemas, focar nas esperanças dos consumidores é um passo além de oferecer simplesmente um serviço ao cliente de excelência. Atender às expectativas dos consumidores não significa fazê-los felizes e sustentar a fidelidade deles, isso porque atender às esperanças é um paralelo entre o que o consumidor espera e o que de real acontece.

Deste modo, se ele espera um serviço de média qualidade e o provedor entrega um serviço de média qualidade, a esperança é atendida e ele estará satisfeito, mas não necessariamente feliz com o serviço. Pense que um determinado provedor entrega a seu consumidor material com um *lead-time* previsto de 12 dias. Fornecimento após o prazo é atendido, muitas vezes no último momento, mas resolvido.

O consumidor estará satisfeito visto que a esperança está impactando com a realidade, mas não forçosamente feliz. Esse prazo aumenta seus estoques. Caso aconteça de outro provedor oferecer um *lead-time* de 4 dias e o cumpra o prazo, o cliente mudará rapidamente de provedor, que o deixará mais alegre.

Desta forma, atender às esperanças garante a satisfação do consumidor, mas não seu prazer e lealdade.

21.4. Sucesso do cliente

A filosofia e a estratégia do serviço aos consumidores se constituem em atender padrões internos. Já o foco na satisfação do consumidor é atender às suas esperanças. Uma terceira indagação é alinhar a estratégia logística com os requisitos do consumidor.

Atualmente o sucesso das companhias passa muito pela relação com consumidores diferentes no mercado e com a obtenção de grande participação nos fornecimentos a eles. Para as companhias, é interessante fornecer para aquelas que têm sucesso, porque esse sucesso suportará negócios a médio e longo prazo, e tendo grande participação nos fornecimentos terá uma operação mais facilitada.

Responder às esperanças do consumidor pelo seu caráter ocasional pode não ser o bastante para o sucesso da companhia, atender aos requisitos dos consumidores eventualmente ajudará para esse sucesso.

Por exemplo, pense que determinado provedor tenha um nível de atendimentos perfeitos de 98%, isso atende às esperanças do consumidor, que como resultado fica satisfeito, mas quem sabe para ter um maior sucesso no ambiente competitivo, necessitaria admitir um atendimento de 100%.

O provedor, elevando esse nível de atendimento para 100%, passaria a contribuir para o sucesso do consumidor, beneficiando-se desse modo com isso.

Para atender os requisitos do consumidor, é necessária uma relação muito mais íntima entre provedor e consumidor, possivelmente não será possível para a maioria dos consumidores de uma companhia, mas, as relações na cadeia de suprimentos agregarão valor que será percebido pelo cliente final, tornando-a mais competitiva. A percepção do valor criado pelo consumidor possibilitará trabalhar com preços que revelem os maiores custos logísticos, obrigatórios quando se aumenta o grau de promessa.

22. SISTEMAS DE INFORMAÇÕES LOGÍSTICAS

O progresso e a evolução cada vez mais rápidos da tecnologia da informação e telecomunicações levaram as empresas a aperfeiçoarem suas operações para estágios nunca pensados devido à evolução dos dispositivos, programas e redes. Hoje, a tecnologia da informação (TI) atende, além da informatização, os meios de comunicação, contribuindo para redução de custos e surgindo como um essencial instrumento a fim de alcançar ou gerar a vantagem competitiva para as companhias.

Segundo informações da revista Business Week, em 1998 (apud FLEURY, 2014), a companhia fabricante de microcomputadores norte-americana Dell Computer conseguiu em apenas 1 ano o aumento de faturamento de US$ 12,3 bilhões, significando um crescimento de 60% no ano, o que permitiu o lucro de quase 1 bilhão de dólares considerada a melhor performance no setor de tecnologia da informação.

No Brasil, com uma frota de 2.800 veículos, a Souza Cruz, com o objetivo de responder a 300 mil pontos de venda em mais de 5.500 municípios brasileiros, conta com um roteirizador, que auxilia no cálculo da melhor rota a cada entrega, abrangendo a eficiência de 99% com uma média de 43 entregas diárias.

Isso demonstra como a tecnologia da informação (TI), formada por programas e pelo uso de equipamentos, tem sua relevância evidente para o desenvolvimento da logística.

22.1. O papel da informação na logística

Como um elemento relevante, encontra-se um conjunto quase ilimitado de ângulos a serem analisados, como suscetível de utilização e simplificação, pela TI, com uma sequência de informações, demonstrado pelas informações logísticas, tais como:

- pedidos de clientes;
- solicitações de ressuprimento;
- controles e necessidades de estoque;
- movimentações nos armazéns;
- documentações de transporte;
- faturas;
- emissões de documentos legais, entre outros.

O fluxo de informações, antes feito em papel, planilhas, relatórios e anotações, resultando em transferência de informações demorada, não confiável e com grande possibilidade de erros, foi substituído por tecnologias informatizadas, de uso amigável e a custos declinantes, possibilitando a movimentação eletrônica em qualquer local. A infraestrutura disponível tem meios para viabilizar as transações, ou seja, coletar, armazenar, transferir e processar dados com muita precisão.

O processamento eletrônico de informações, através de sua melhor administração, atestou ser uma possibilidade de redução de custos logísticos e possibilitou a disponibilização de maior quantidade de informações aos consumidores, proporcionando grande aperfeiçoamento e elevação do nível de serviço.

Como a logística é atenta ao caminho de materiais, bens e mercadorias, ao longo do canal de distribuição, não tratando adequadamente o fluxo de informações, restringindo a velocidade de troca e transferência de informações, que trafegavam manualmente em papel. Hoje justifica-se a importância de informações em *just in time*, em sistemas logísticos, para atender com a velocidade e exatidão exigidas pelas operações.

Os elementos necessários para o serviço total ao consumidor configuram-se em:
- informações sobre a situação do pedido;
- flexibilidade de produtos;
- programação de entregas e faturamento, entre outros.

A redução das necessidades de estocagem e de recursos humanos, com objetivo de redução da armazenagem total na cadeia de suprimentos, levou os administradores a compreenderem que a informação, torna-se uma ferramenta eficaz a ser aplicada, no planejamento de carências, que, baseadas em informações recentes e atualizadas, permitem a redução de armazenagem, melhorando acertos e aumentando a confiança quanto à demanda.

A informação permite entender: qual, quanto, como, quando e onde são necessários os meios através da informação eletrônica, atualizada e confiável por meio de acesso instantâneo.

O aperfeiçoamento da relação entre provedores e lojistas no gerenciamento da cadeia de suprimentos, ocorrida no Brasil pelo Movimento

ECR Brasil, Efficient Consumer Response[45], é outro exemplo de como a informação tem grande relevância. Corresponde ao abastecimento imediato dos produtos, realizado pelos próprios provedores, nas redes de lojas, reduzindo o custo com estoque e proporcionando aos fabricantes ter um superior planejamento da demanda, ativando, assim, a racionalização da utilização de recursos para todos.

Os sistemas de informações logísticas acontecem por uma lógica que consiste na necessidade do planejamento estratégico, que define as metas globais da empresa, bem como a subdivisão de cada um deles, em objetivos táticos para cada um dos setores. A área de operações é uma das que receberá as suas incumbências, com suporte no planejamento estratégico, e procederá uma série de planejamentos.

O planejamento de capacidades entende a definição dos recursos essenciais para a execução e o alcance das metas da área de operações. Aqui se define o grau de investimentos em instalações e equipamentos, bem como de recursos humanos e seus exercícios necessários. A partir dessas definições, segue-se para o planejamento logístico e o planejamento da produção, com base nas previsões de vendas e expectativas de mercado. Esses planos liberam o ajustamento dos lotes de produção durante as 52 semanas do ano, como, por exemplo, famílias de produtos, itens e suas variações de produção. Com esses dados, torna-se possível a diversidade dos pedidos ou o tratamento dos lotes de produção contínua, apresentando o planejamento de suprimentos e materiais a serem oferecidos na alimentação da produção para a execução e entrega dos produtos pressupostos, a cada período. Segue a arquitetura de sistemas de informações logísticas.

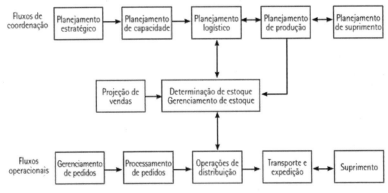

Adaptada de: Bowersox et al. (2014).

---

[45] Efficient Consumer Response (ECR), ou em português Resposta Eficiente ao Consumidor consiste numa estratégia utilizada principalmente na indústria de supermercados na qual distribuidores e fornecedores trabalham em conjunto para proporcionar maior valor ao consumidor final. O ECR tem como objetivo estabelecer um fluxo consistente de informações e produtos que se incluem bidirecionalmente na cadeia logística de abastecimento, tendo em conta a manutenção do abastecimento do ponto de venda a custos baixos e em estoques adequados.

A seguir o fluxo do sistema de informações logísticas:

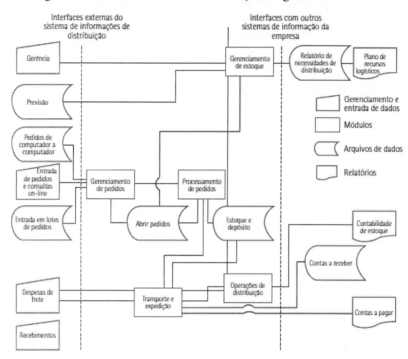

Adaptada de: Bowersox et al. (2014).

Constata-se que o fluxo de informações logísticas é composto de cinco módulos principais: 1. entrada de pedidos, 2. processamento dos pedidos, 3. transporte e expedição, 4. operações de distribuição de produtos e mercadorias, além de 5. gerenciamento de estoques.

Os módulos devem ser integrados através de um banco de dados padronizado, que incluem todas as informações processadas, bem como um sistema de comunicação que dará suporte à integração da informação. Os documentos inerentes aos pedidos, estoques e armazéns, e contas a receber, viabilizarão a comunicação relativa às atividades de distribuição e logística.

22.2. Sistemas de informações – tipos

As rotinas logísticas, em um processo integralizado, têm os conjuntos de informações logísticas como conexões, juntando as práticas em um só processo, ligado com os equipamentos e programas utilizados para medir, controlar e gerenciar as operações logísticas que acontecem em uma companhia, bem como ao longo de todo o *supply chain*.

Os equipamentos utilizados são: computadores, unidades de memória, equipamentos secundários, localizadores via satélite e programas apropriados ao manejo das informações necessárias, como impressoras e leitoras de códigos de barras e *scanners* de uso geral.

São quatro níveis funcionais nos sistemas de informação:

- Sistema transacional.
- Controle gerencial.
- Apoio à decisão.
- Planejamento estratégico.

A pirâmide, apresentada na próxima figura, demonstra a concretização de um sistema transacional, que é a base que suporta a implementação dos outros três níveis, que serão examinados, salientando-se a importância para a competitividade logística da companhia.

Adaptada de: Fleury (2014).

22.3. Sistema transacional (ST)

É por meio do sistema transacional que as informações logísticas são divididas com outras áreas da empresa, tais como: finanças, marketing, contabilidade etc.

As comunicações que ocorrem entre funções diferentes com diversas finalidades, com normas padronizadas, grande quantidade de transações e visão operacional nas atividades, formam um sistema transacional. O destaque na eficiência do sistema de informações é expandido pela ligação de processos estruturados e grande quantidade de documentos transacionados.

O curso do pedido é a principal norma a ser registrada na logística através das entradas de pedidos, verificação de crédito, apontamento de estoque, emissão de notas, expedição, transporte e entrega do produto ao consumidor, desta feita reúnem-se atividades e eventos essenciais a esse ciclo que devem ser processados e, também, ter um domínio das posições do romaneio, algo indispensável para o atendimento das necessidades do consumidor. As informações sobre tais atividades/eventos devem estar sempre prontas e à disposição.

Um problema comum encontrado em sistemas transacionais é o fato de eles não formarem parte da gestão integrada, significando que essa falta de integração entre operações ocorre basicamente em três instâncias:

- Entre as atividades desenvolvidas relacionadas à movimentação de entregas.
- Entre os endereços/locais da organização.
- Entre a companhia e demais parceiros pertencentes ao *supply chain*, ou outros na logística.

22.4. Controle gerencial

O nível gerencial é aquele em que atuam os gerentes de áreas operacionais. Eles dão apoio ao planejamento das metas operacionais e aos objetivos a serem atingidos pela organização. O controle gerencial se dá pela utilização dos dados dos sistemas comerciais que processam os dados das transações diárias em todas as áreas da companhia. Para administrar e gerenciar, é necessário verificar os resultados obtidos através de indicadores de resultado, como: de finanças, produtividade, qualidade e serviços ao cliente.

Ocorre nas companhias brasileiras uma maior carência de indicadores de resultado e registro de performance, há pouca utilização de um sistema transacional completo, que tenha as informações fundamentais sobre os lucros das atividades logísticas.

Um exemplo é a falta de medidores do percentual de pedidos que foram entregues integralmente, através da medição da disponibilidade de produtos.

O *lead-time* é outro índice relevante na avaliação do serviço prestado ao consumidor, uma vez que nem ao menos a companhia possui a informação da data de entrega ao consumidor, e mesmo a empresas que possuem tal dado, não o utilizam de forma regular, para uma avaliação do seu transportador com o tempo de trânsito. De forma diferente, as companhias informatizadas conseguem utilizar as ferramentas de comunicação, as posições e os resultados sobre o status da atividade, além do seu uso como métricas de desempenho e informações para correção de eventuais erros, que possam acontecer em relação ao resultado esperado.

Relatórios que tratam esses erros de conformidade são essenciais para a administração devido às operações logísticas se distinguirem pelo volume e pela quantidade de informações.

O gerenciamento por exceções é essencial em meio a tantos dados. Temos como exemplo, pensar em um sistema planejado capaz de antecipar as deficiências de armazenagem por falta de produtos em função das movimentações antecipadas e demandas possíveis que utiliza dados reais de ressuprimentos passados.

Data warehouse[46] (DW) é uma tecnologia cada vez mais utilizada e, como o próprio nome sugere, tem um armazenamento gigante, tem um histórico e informações atuais da empresa em um só banco de dados, que tem como meta a montagem de relatórios, utilizados para a empresa ponderar e definir metas, planos e estratégias.

22.5. Apoio à decisão

Sistemas usados para o auxílio no processo decisório mediante a utilização de informação eletrônica para suporte, nos três níveis da organização: estratégico, tático e operacional, facilitando a tomada de decisões diante de situações altamente complexas. Decisões que são feitas, sem essa tecnologia, nas organizações são baseadas apenas no *feeling* – sentimentos e percepções subjetivas – dos administradores, o que em muitas situações não apresentam efeitos satisfatórios. Quando as soluções de suporte à decisão são utilizadas, permitem uma melhoria na eficácia das operações logísticas, além do aumento do nível de serviço e diminuição de custos aos consumidores.

Temos dois tipos de aplicações de meios de suporte à decisão:

- Voltadas para operações mais rotineiras: programação e roteamento de veículos, gestão de estoque etc.
- Atuam mais tática e estrategicamente: local de instalações, exame de rentabilidade de clientes, entre outras.

A dificuldade que existe nas atividades logísticas e em seus custos-benefícios irá determinar a utilização de cada uma delas. Tais meios devem estar completamente conectados com o sistema comercial, fazendo que os

---

[46] Data Warehouse é um termo originalmente do inglês, cuja tradução seria "Depósito de dados" e é exatamente isso que o termo descreve, porém nesse caso estamos falando de dados digitais. O significado de Data Warehouse seria, portanto, armazém de informações.

inputs[47] estejam atualizados, dentro de um padrão, completos e no formato pertinente. Reconhece-se uma dificuldade comum de implementação em empresas que não têm um sistema integrado, pois envolvem a conectividade pela falta de união entre os sistemas.

Em consequência da dificuldade de implementação e utilização nos dois tipos de ferramentas de apoio à decisão, acontece a necessidade da exigência de um nível de conhecimento entre os usuários, quando não é preciso que sejam competentes, o que cria uma demanda de treinamento específico.

22.6. Planejamento estratégico

As informações logísticas são matéria-prima e o apoio para o planejamento estratégico ao desenvolvimento da estratégia logística. Normalmente, as decisões tomadas são decorrentes do nível de apoio à decisão, mesmo significando abstratas, menos estruturadas e concentradas no longo prazo. Um bom exemplo são as soluções sobre modelos de local de instalações, ou mesmo a comparação da aceitação e receptividade dos consumidores, no que se refere a um projeto de melhoria do nível de serviço.

22.7. Sistemas de gestão empresarial (ERP)

Os ERP, *Enterprise Resource Planning*, são o assunto da vez quando o tema é a adoção de TI em organizações. Atualmente, a implantação deles está disponível para empresas de todos os tamanhos e liberdades financeiras para investimentos. São um tratamento das informações com iguais língua e tipo de banco de dados, tendo como meta uma gestão integrada. O efeito funcional é a obtenção de relatórios gerenciais padronizados e sem informações conflitantes.

---

[47] *Inputs* é uma expressão da língua inglesa que significa entrada. O termo é muito utilizado na área da Tecnologia da Informação (TI), como também em diversas outras áreas da atividade humana, como eletricidade, hidráulica etc. São três fases necessárias para o desenvolvimento de um trabalho: a entrada (*INPUT*), o processamento e a saída (*OUTPUT*). A fase de entrada é caracterizada pelo ato de fornecer os dados que o computador irá trabalhar durante o processamento para, finalmente, produzir as informações de saída. A entrada e saída dos dados e informações no computador, cujas siglas utilizadas no jargão da TI são E/S (entrada/saída, em português) ou I/O (*input/output*, em inglês), se dá através de diversos dispositivos, denominados genericamente de 'periféricos'.

O aparecimento de sistemas integrados de administração baseados em Web Services[48], chamados "na nuvem", causou um barateamento nos custos, possibilitando a implementação ou até mesmo o aluguel do sistema, que antes era comprado e precisava de um investimento de US$ 1 milhão e de prazos que variavam entre 4 a 6 anos para implantação e treinamentos, submetendo-se ao tamanho da empresa, número de funcionários, parque instalado de computadores e da operação (módulos obtidos).

De acordo com Fleury (2014), existe uma consideração de que cada real gasto em licença de uso corresponde a dois reais com consultoria, e 0,50 centavos e 1,5 reais com computadores. A líder mundial, a maior empresa fornecedora dessa tecnologia é a SAP, com 32% das vendas mundiais, conforme consta na próxima figura. Ela ocupa a primeira posição no Brasil, com 38% de vendas de licença de software, e temos um fornecedor nacional a TOTVS, que possui por volta de 25% de mercado, sendo a campeã em número de clientes no Brasil, a Datasul.

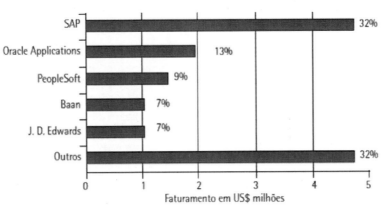

Figura 14 – Principais fornecedores globais de ERP
Adaptada de: Fleury (2014).

Em uma pesquisa realizada pelo portal ERP ([s.d.]), sobre a utilização de sistemas ERP no Brasil, entre 2017/2018, foi apresentado uma situação no qual a empresa Totvs se encontra na liderança, no que tange a bases instaladas. O desenvolvimento interno de softwares ERP ainda é a segunda solução mais utilizada. Em seguida, apresentam-se os sistemas da Mega Sistemas e da Senior Sistemas. A SAP aparece nessa pesquisa com 2,78%

---

[48] Os *Web Services* são componentes que permitem às aplicações enviar e receber dados. Cada aplicação pode ter a sua própria "linguagem", que é traduzida para uma linguagem universal. Para as empresas, os Web Services podem trazer agilidade para os processos e eficiência na comunicação entre cadeias de produção ou de logística. Toda e qualquer comunicação entre sistemas passa a ser dinâmica e principalmente segura, pois não há intervenção humana.

dos softwares instalados no país. Vale frisar que as instituições consultadas são de diversos portes e tamanhos.

Tabela 17 – Principais fornecedores no Brasil de ERP

Fabricante	%	Empresas
TOTVS	37,99	1.845
Outros	14,39	699
Desenvolvimento interno	13,49	655
Mega sistemas	3,89	189
Senior sistemas	3,83	186
Sap	2,78	135
Oracle	2,16	105
Alterdata	1,85	90
Cigam	1,61	78
Sage	1,3	63

Fonte: Portal ERP (s.d.).

Podemos dizer que um obstáculo ainda encontrado no mercado é a apreensão quanto a problemas a administração de mudanças, o que provoca alguns males na implantação de ERP, pois eles necessitam de planejamento e aporte de financiamentos no período de implementação do projeto.

No sentido logístico, a principal meta de um sistema ERP é atuar como um sistema comercial, resolvendo a união das atividades logísticas. Porém, as atividades logísticas necessitam de foco, além de integração das transações, devendo assim ter um tratamento mais específico, focando em resolver muitos dos contratempos já apontados.

Para finalidade de exemplo, o que acontece é a falta de informação sobre o movimento do pedido, com os devidos dados sobre a disponibilidade do armazém, e tempo máximo de expedição, o que impossibilita o fechamento de carga pelo administrador do setor de transportes. Trata-se de uma dificuldade específica e direcionada da logística.

Os ERP tem uma vasta série de relatórios e indicadores de performance e controle prontos, que concedem à gestão das operações das organizações clientes, mas que nem sequer atendem às carências específicas das companhias, daí surge a necessidade de estruturar relatórios customizados e mais especificados, o que pode ser otimizado pela disponibilidade de um módulo *data warehouse* na estrutura dos sistemas ERP.

Os principais fornecedores da tecnologia ERP, embora não tenham frequentemente uma solução própria, através de parcerias com organizações especializadas, já instalaram em seus programas as ferramentas de apoio à decisão, procurando a melhoria das operações logísticas na instituição e na cadeia de suprimentos, de maneira a responder a essa exigência de mercado.

22.8. Softwares de apoio à decisão

O ERP executa atividades transacionais e operacionais, mas também gera e integra todas as informações em um único banco de dados, incluindo as informações completas de quaisquer áreas da organização. Trata-se de um completo programa de partida para o desenvolvimento de meios que dão base às tomadas de decisão.

Existem ferramentas logísticas mais simples no mercado nas seguintes áreas: programação e roteamento de veículos, previsão da demanda, gerenciamento do armazém e planejamento de estoques.

Vale ressaltar que os sistemas ERP têm módulos de gerenciamento de armazéns, com a principal meta de gerenciar o fluxo de informações através do controle de posições e lote. Entretanto, usos relacionados com a presença de inteligência não são disponibilizados.

Verifica-se que os ERP têm módulos de gerenciamento de armazéns, controlando a localização de lote, e demais fatores, inclusive geolocalização e etiquetas inteligentes.

Destacamos também os módulos:

- Informações sobre a demanda: em que são armazenados dados mercadológicos a respeito da concorrência, obtidos a partir dos pontos de venda (PDV) em relação aos principais clientes varejistas e aos atos promocionais tomados pela companhia. Tais informações serão fornecidas para o procedimento de previsão da demanda.
- Informações de transporte: em que são armazenadas informações sobre frete e tempo de trânsito, objetivando auxiliar a otimização da rede logística, bem como o planejamento de transporte, determinando o melhor modal para cada rota.

22.9. Soluções de integração da cadeia de suprimentos

A solução representa um progresso dos sistemas de apoio à decisão e possui as ferramentas para planejamento e gerenciamento da atividade logística. Considera-se como variáveis:

- previsão da demanda;
- otimização da rede logística;
- planejamento de transporte;
- planejamento e sequenciamento da produção, entre outros.

Os meios para a administração integrada da cadeia de suprimentos – *Supply Chain Management Applications* – ou em português traduzido como Aplicações para Gerenciamento da Cadeia de Suprimentos, tendo como sua principal função o controle de funções logísticas, o que permite analisar os *trade-offs*, com uma abrangência fora dos limites da companhia, ou seja, integrando-se a outros participantes da cadeia de suprimentos, como, por exemplo, indústrias, atacadistas e/ou distribuidores e varejistas, prestadores de serviço logístico, através de uma conectividade, pela tecnologia Electronic Data Interchange – EDI[49] e infraestrutura de telecomunicações encontrada na internet.

No mercado, temos softwares especializados, que são vistos dentro de um programa de ERP que concedem, em seus módulos, seus sistemas transacionais. Um bom exemplo é o da empresa alemã SAP, o chamado APO – Advanced Planner and Optimizer, que podemos traduzir para o português como Plano Avançado de Otimização, que vem acoplado na solução de ERP. Seus módulos básicos são:

- *Supply chain cockpit.*[50]
- Planejamento da rede logística.
- Planejamento e previsão da demanda.
- Planejamento da distribuição.
- Planejamento e sequenciamento da produção.

Em um processo avançado de fusões entre provedores de softwares dessas tecnologias e soluções integradas observa-se nos Estados Unidos a busca por sinergia e conectividade entre produtos para o tratamento sistêmico dos problemas logísticos interfuncionais e a atuação no segmento *supply chain management applications* (SCM).

Analisando a necessidade no mercado brasileiro, pela inexistência de integração nos sistemas, há grande perspectiva de crescimento do mercado de ERP, além disso, empresas que optaram pela tecnologia e, agora, começam a colher frutos e vantagens da gestão integrada, criam uma grande

---

[49] EDI, ou Electronic Data Interchange (Intercâmbio eletrônico de dados), permite a troca de documentos padronizados entre os sistemas informáticos de quem participa numa relação comercial, adaptando-se a vários setores conforme as necessidades concretas de comunicação das empresas.

[50] O *Supply Chain Cockpit* é um dos aplicativos de planejamento APO e consiste em um painel de instrumentos gráfico para gerenciamento da cadeia de suprimentos. É configurável para condições dentro de uma ampla variedade de indústrias e situações de negócios, e serve para visualizar e controlar as cadeias de suprimentos.

expectativa de atuação, crescimento e implantação dessas soluções, cada vez mais integradas e otimizadas.

Como as operações logísticas utilizam-se um tratamento favorável quando migram para as propostas de software de apoio à decisão, a utilização de SCM e o crescimento do uso de ERP, o aprimoramento das operações exigirá, cada vez mais, a elevação dos níveis de qualificação dos profissionais da área de logística.

Esse movimento de integração também promove que as empresas do *supply chain* constatem a necessidade de integração, entre si, através dos sistemas de informação, reduzindo incertezas, evitando a duplicação de esforços e, em relação direta, reduzindo custos das suas operações.

Avaliar o valor agregado, às suas operações e efeitos, que os softwares transacionais e aqueles de apoio à decisão, proporcionam aos negócios, é o grande desafio. Para fazer a escolha correta da solução adequada, a ser adquirida e implementada, as organizações devem se limitar a critérios técnicos e não emocionais ou de tendências de mercado. O investimento é muito alto e de imenso risco, financeiro, operacional e estratégico.

22.10. Geographic Information Systems (GIS) – definições e aplicações na logística

O assunto abrange a tecnologia disponível para todos os tamanhos de organizações, os GIS – Sistemas de Informação Geográfica[51], com grande evolução no mercado dos EUA, em 20% ao ano e no Brasil, uma estimativa por volta de 30% de crescimento, ao ano. Nas salas de diretores de empresas de transportes era padrão encontrarmos mapas nos quais eram mostradas as regiões de atividade, com alfinetes demarcadores coloridos, apontando a localização de pontos de vendas, localização de clientes obtidos e pertencentes à concorrência, bem como à localização da frota de veículos.

Esse exemplo comum é a melhor forma de mostrar a aplicabilidade e demonstrar o GIS, um instrumento conveniente para demarcar zonas de venda e melhorar o processo de análise de consumidores, além das inúmeras aplicações que envolvam identificação e utilização de localizações geográficas.

Tais análises, eram realizadas em papel, agora são desempenhadas por softwares, através de mapas digitais na tela de um computador ou na palma da mão, por meio de um *smartphone*[52], auxiliando na tomada

---

[51] Sistemas de Informação Geográfica ou em inglês *Geographic Information Systems* (GIS).

[52] *Smartphone* em tradução literal significa "telefone inteligente". Atualmente, eles contam com inúmeros recursos, ao contrário dos celulares antigos, que só serviam para realizar e receber chamadas e SMS.

de decisão. São exemplos do que expressamos: geração de mapas temáticos digitalizados contendo rodovias, ferrovias e informações sobre dados georreferenciados, possibilitando a visualização e análise da quantidade de consumidores que são atendidos, em um raio de 100 km de abrangência, através da tecnologia.

Trata-se de um programa de computador relacionado a um banco de dados e a mapas digitais.

Atualmente, um GIS consiste em:

- software;
- hardware;
- dados geográficos;
- pessoal;
- organização.

Também se faz necessário a utilização de pessoal especializado, buscando possibilitar a decisão, com base na análise de dados e informações georreferenciadas para a organização.

O GIS passou a ocupar lugar de destaque nas atividades logísticas, considerando a relevância da dimensão espacial e geográfica nessas operações. Os dados georreferenciados tratados e processados viabilizam estudos analíticos e suportam decisões nas seguintes áreas:

Marketing, abrangendo as seguintes áreas:
- Geografia de mercado e pontos comerciais;
- Localização de fábricas e CDs/roteamento;
- *Spatial decision support systems* (SDSS) e as análises de sistemas logísticos;
- Implementação do ambiente GIS;
- Estrutura atual de dados;
- *Data warehouse* e *data mining*;
- Utilização das ferramentas;
- Aplicação do *data warehouse* e *data mining*;
- *Data mining* no setor varejista;
- Previsão de vendas;
- Otimização de estratégias de marketing;
- Código de barras e RFID;
- *E-procurement*.

Veremos cada conceito a seguir.

23. MARKETING

Com a observação do potencial de vendas em diferentes regiões, podemos com essa informação planejar promoções de vendas em locais menos nobres, sendo possível a categorização e segmentação de mercado, usando os dados georreferenciados e dos dados sobre as condições econômico-financeiras dos consumidores, obtidas por pesquisas de mercado. Com esses dados e informações, torna-se viável a diferenciação de padrões de serviços e produtos a serem disponibilizados nas regiões geográficas, de acordo com a especificação dos clientes ali localizados.

23.1. Geografia de mercado e pontos comerciais

Com a principal linha do estudo de localização de pontos comerciais, a aplicação GIS, deve ponderar o cruzamento das ruas, mão de ruas – simples e mão dupla – faróis e todas as condições urbanas, referentes com a circulação de veículos e pessoas. A tecnologia utiliza a geografia de mercado, uma aproximação que tem um sentido diferenciado do estudo de localização de fábricas nos quais os custos relacionados com transporte e armazenagem podem favorecer ou lesar as relações de custos fixos e variáveis com estocagem e transportes.

23.2. Localização de fábricas e CDs/roteamento

A representação visual e gráfica visa melhorar o entendimento de não peritos, com grande relevância para o entendimento dos diversos cruzamentos lógicos e os resultados obtidos. Ela demonstra o efeito de um estudo de localização através do posicionamento de uma de fábricas de bebidas, de uma empresa envasadora e distribuidora do produto. Fica evidente a alocação de acordo com as regiões-alvo da distribuição.

O GIS permite a análise visual e o reconhecimento de possíveis problemas com a localização das fábricas, e todas as pessoas envolvidas.

23.3. Spatial Decision Support Systems (SDSS) e sistemas logísticos

Através do GIS podemos ter o comando em sistemas logísticos já instalados, ele permite a análise e a distribuição das instalações, viabilizando a verificação de anomalias como o desequilíbrio entre as regiões de entrega, inadequação nos fluxos, possível deformação na consolidação, entre outros.

Os *Spatial Decision Support Systems*[53] (SDSS), largamente usados em logística, podem ser determinados como sistemas de apoio à decisão com a utilização de dados espaciais, sendo qualificados pela combinação que criam, entre sistemas especialistas e os meios GIS. Sistemas de localização, rastreamento e de roteamento, são características de aplicações desses softwares. É permitido incluir em tal classe ainda os modelos de alocação, previsão de vendas, controle de frotas, entre outras aplicações relacionadas.

23.4. Implementação do ambiente GIS

Existem duas grandes probabilidades da aplicação do GIS na solução de problemas organizacionais.

Quando a empresa contrata outra organização especializada em dar suporte à solução de problemas de localização e distribuição de instalações. Desta maneira, ela apresentará o GIS, em toda a sua capacidade para viabilizar as soluções específicas da organização cliente. Haveria uma possibilidade para a instituição, que tem muita necessidade de uso e persistência de problemas a serem esclarecidos, diariamente, que seria o desenvolvimento de uma área específica, bem como, a aquisição de aplicativo e equipamento para desenvolver soluções internas para tais questões. Assim sendo, pode contar com o apoio ocasional de consultorias especializadas para temas mais complexos. Atualmente, existem opções de arrendamento do sistema baseado em nuvem com a utilização da internet.

Atualmente, as últimas opções são as mais viáveis, tornando de forma mais segura e reservada as decisões proprietárias. Isso depende da especialização que possui na área, na capacidade operacional para a manutenção de bases de dados atualizada, além do progresso do mercado profissional, ofertando um número maior de profissionais formados e com experiência nesse tipo de atividade.

---

[53] *Spatial Decision Support Systems* (SDSS) que em português significa Sistemas de apoio à decisão espacial

Já na opção de implementar o GIS, deve-se investigar qual programa e quais bases de dados são indispensáveis e mais adequados para a aplicação pretendida, o que deve ser feito pelos dirigentes da companhia.

A comunicação dos demais setores da companhia com a área que trabalha com o GIS é muito importante e, até imprescindível, pois deve haver um fluxo de informações ininterrupto e confiável, sob risco de prejudicar o projeto, pois a manutenção das bases de dados necessitará de diversos setores da empresa e da sua integração.

23.5. Estrutura atual de dados

A falta de base de dados exata é o fator restritivo do uso mais intensivo de GIS no Brasil, pois existe uma grande carência de bancos de dados com registros espaciais do território nacional, desde mapas digitalizados, imprescindíveis para a importação e utilização dos sistemas, da mesma forma que faltam variedade de dados demográficos e bancos de dados socioeconômicos do Brasil.

O IBGE – Instituto Brasileiro de Geografia e Estatística é o órgão oficial responsável pela cartografia digital, bem como pela elaboração e disponibilização de bancos de dados oficiais. O IBGE tem planos de desenvolver as bases de dados, em parceria com as empresas privadas e outros institutos de pesquisa, porém a evolução do plano é lenta. A comunidade que depende desses dados é carente de muitos acessos devido à lentidão para a disponibilização, com os recursos atuais, pelo órgão. A política de se associar a organizações particulares fornecendo imagens *raster*[54] e substituindo as bases vetorizadas é promissora e permitirá a padronização e a disponibilização do acesso ao acervo oficial.

Existe uma grande propensão de desenvolvimento de aplicações e produtos que utilizem a tecnologia GIS como base. As suas bases de dados são customizadas e são distribuídos os seus mapas, pela internet, possibilitando o acesso *online*, pelos seus usuários e clientes, com isto, nota-se um grande crescimento e expansão da utilização dos SDSS, pelas empresas privadas.

Produtos mais baratos e de fácil acesso, que disponibilizam um *desktop mapping*, com uma base de dados dedicada, possibilitam uma utilização fácil e rápida, o que divulga e dissemina a aplicação dos recursos da tecnologia GIS.

---

[54] Dados *raster* ou *bitmap* (que significa mapa de *bits* em inglês) são imagens que contêm a descrição de cada pixel, em oposição aos gráficos vetoriais. O tratamento de imagens deste tipo requer ferramentas especializadas, geralmente utilizadas em fotografia, pois envolvem cálculos muito complexos, como interpolação, álgebra matricial etc.

A veiculação de mapas pela internet, muito comum nos EUA, e aqui no Brasil também, se faz muito presente, em função dos baixos custos e da facilitação do atendimento diferenciado dos usuários e clientes em âmbito nacional.

Pouco a pouco, as soluções SDSS estão se tornando comuns durante a tomada de decisões das instituições. Com o aumento do volume de variáveis a considerar, bem como o enorme número de alternativas geográficas possíveis, há um incentivo à adoção da ferramenta SDSS como um suporte para as decisões e planejamento estratégico.

23.6. Data warehouse e data mining

Nas companhias que estão na dianteira das atividades logísticas, o conceito *supply chain*, com a interligação da corrente que conecta cada organização que compõe a cadeia de valor, que interliga provedores e consumidores, deve ter um aperfeiçoamento das interfaces entre os intermediários, visando facilitar os fluxos de informações e materiais na cadeia. São conhecidos como processos integrados de valores.

Segundo Bowersox et al. (2014), trata-se do modelo conceitual de cadeia de valor, conforme consta na próxima figura, com o processo integrado da cadeia de suprimentos.

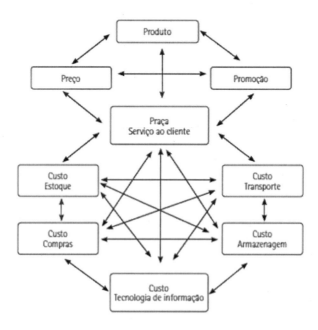

Figura 15 – Processo integrado da cadeia de suprimentos
Adaptada de: Bowersox e Closs (2018).

Seguindo o modelo do mix de marketing, a ideia se baseia nas decisões básicas dos 4 Ps, como segue:

- Produto: aspectos relacionados aos produtos e serviços a serem distribuídos pela empresa, observando as localidades a serem atendidas.
- Promoção: verificação das formas para tornar os produtos conhecidos, serviços e as suas respectivas marcas diante dos consumidores-alvo da empresa.
- Preço: indagação sobre patamar de preço, formas de negociação, prazos para pagamento e descontos, que serão aplicados e praticados para cada produto em qualquer local de vendas.
- Praça/serviço ao cliente: condições a serem adotadas pela organização para a distribuição dos produtos e serviços, bem como a definição dos níveis de serviços a serem prestados aos clientes.

As configurações serão efetuadas para cada região e tipo de consumidores a serem servidos. A partir das definições escritas, para se atender os diferentes níveis de serviço estabelecidos, planejam-se as funções de logística que serão organizadas ao atendimento desses níveis apresentados, ao menor custo logístico possível. Significa a redução conjunta de custos de armazenagem, transporte, compras e utilização de tecnologias, de forma que não atinja o nível de serviço estabelecido. Temos que considerar as relações de confrontos entre os benefícios de custos dos diversos aspectos envolvidos. Um exemplo é o relacionamento entre os custos de compras, que podem ser reduzidos com o aumento do volume de cada lote adquirido, porém o maior volume dos itens comprados vai resultar em um significativo aumento do custo de manutenção em estoque.

Para a estruturação e bom desempenho do sistema logístico, faz-se fundamental primeiramente conhecer o cliente, o que se torna cada vez mais difícil aos profissionais da área logística que atuam no setor varejista devido a provocação da concorrência e ao surgimento do e-*commerce*[55] evidenciado pelo aumento e diversificação de consumidores.

Como responder aos 4 Ps de Kotler para a estruturação de forma eficiente da organização logística?

Temos *data warehouse* e *data mining*[56] como os dois conceitos que o profissional de logística lança mão para ajuda em tais questões. Tais fer-

---

[55] O *e-commerce*, ou comércio eletrônico, refere-se aos negócios que estruturam seu processo de compra e venda na Internet. Assim, todas as transações comerciais são realizadas por meio de ferramentas *online*.

[56] *Data mining* ou Mineração de Dados consiste em um processo analítico projetado para explorar grandes quantidades de dados (tipicamente relacionados a negócios, mercado ou pesquisas científicas), na busca de padrões consistentes e / ou relacionamentos sistemáticos entre variáveis e, então, validá-los aplicando os padrões.

ramentas passam a ser usadas nos departamentos de varejo e prestação de serviços.

23.7. Utilização das ferramentas

Com a diminuição dos custos de compra dos terminais de ponto de venda (PDV), muito úteis para a agilização das operações de pagamentos nos *check-outs*[57] das lojas, podendo ser utilizados, também, para a coleta de informações de vendas, esses equipamentos se tornaram mais acessíveis para as empresas.

Outra redução de custos é observada no preço dos computadores e nos custos de estocagem de dados, o que facilitou as empresas varejistas a investirem na possibilidade de acumular informações de vendas e de clientes a um custo mais acessível. Porém, essa coleta grande de dados não contribui para o recurso da estratégia de marketing, dispondo o alcance a um grande volume de dados, permanecendo a dificuldade para transformar os dados em informações de suporte à tomada de decisão. Destaca-se, neste ponto, a necessidade de obtenção dessas informações por ferramentas como o *data mining*.

Para ilustrar os conceitos de *data warehouse* e *data mining*, Fleury (2014) apresenta alguns exemplos, como segue:

- A Walmart, uma das gigantes do varejo norte-americano, com uma das maiores cadeias de varejo do mundo, desenvolveu com uma política de práticas de estoques reduzidos e velocidade no ressuprimento de mercadorias de forma mais constante. Ela trabalha com pequenos lotes de ressuprimento e uma alta frequência dos procedimentos de reposição, tudo combinado a uma estratégia de concorrência agressiva, em relação aos concorrentes locais. O Walmart opera com apoio de ferramenta de *data mining*, que pesquisa dados sobre os hábitos dos consumidores e do giro de mercadorias, em cada loja, permitindo o cálculo e a projeção da demanda, ajustando-se os sistemas de ressuprimento, de forma a ter o mix perfeito de produtos, bem como o conhecimento do giro de cada grupo de mercadorias, para estabelecer a composição de produtos de cada loja.

---

[57] *Checkout* é uma palavra em inglês, que remete para o ato de sair, fechar uma conta ou dar baixa em algum tipo de processo.

- A ShopKo, uma rede varejista estadunidense, contra-ataca a concorrente Walmart, utilizando-se de ferramentas de *data mining*, conseguindo estabelecer a relação de venda indireta de produtos, que são comprados pelos consumidores quando da aquisição de produtos relacionados. Essa estratégia permitiu uma resposta adequada diante das ações do principal concorrente, em 90% dos segmentos em que concorre.
- Já no Banco Itaú, o uso do *data mining* eliminou a utilização da mala direta, definida por médias e previsões gerais de resultados, nas quais eram enviadas mais de 1 milhão de malas diretas aos correntistas, que atingiam uma taxa de resposta de 2%. Contando com um banco de dados dedicado e pesquisas específicas prévias sobre as movimentações de seus 3 milhões de clientes nos últimos 18 meses, através de ferramentas de *data mining*, passou-se a reduzir em um quinto a cota com despesas postais e a taxa de retorno das malas diretas subiu para os surpreendentes 30%.
- Empresas de telefonia obtiveram uma redução de 45% nas taxas de serviços, nos EUA, com novos usuários, em função da utilização de resultados de pesquisas pelas ferramentas de *data mining*, para personalizar as malas diretas das empresas.

23.8. Aplicação do data warehouse e data mining

Para a utilização dessas ferramentas, as organizações investem para produzir um banco de dados dedicado para a estocagem de dados estratégicos, de acordo com aplicações específicas, em benefício das suas operações.

Entende-se como a ideal maneira de obter informações, de forma correta, sobre as organizações varejistas a respeito de como construírem as suas redes de suprimento e de distribuição de produtos, visando o melhor nível de serviços para os seus consumidores.

As ferramentas de armazenamento e pesquisa de dados, de forma específica, contribuem com a extração mais eficiente e eficaz dos dados necessários para a produção de conhecimentos, conforme se pode observar na próxima figura.

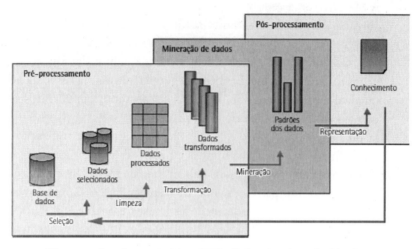

Figura 16 – Armazenamento e pesquisa de dados
Adaptada de: Fayyad (1996).

Data warehouse é um repositório muito grande e integrado de dados operacionais reunidos de fontes diversificadas, eletronicamente transformados em informação, disponíveis para análises.

Com a elaboração e aplicação de *queries*[58], através de filtros de busca, os dados específicos são enlaçados em um banco de dados, centralizando informações que estavam localizadas em diferentes fontes, internas e externas, que serão disponibilizadas para toda a organização. Como exemplo de informações externas, pode-se obter dados demográficos de consumidores ou dados pessoais dos consumidores.

Os *data marts*[59] são como pequenos pedaços que armazenam subconjuntos de dados, normalmente organizados para um departamento ou um processo de negócio. Usualmente, eles são orientados para uma linha de negócios ou equipe, sendo que a sua informação costuma pertencer a um único departamento.

---

[58] *Queries*, em inglês, significa perguntas, consultas ou dúvidas. É uma solicitação de informações feita ao banco de dados. que retorna uma tabela ou um conjunto delas, figuras, gráficos ou resultados complexos. Podem ser usadas várias linguagens de consulta, desde as mais simples até as mais complexas.

[59] Um *data mart* é um subconjunto de um *data warehouse* normalmente usado para acessar informações voltadas para o cliente. É uma estrutura específica para configurações de armazenamento de dados. Assim, um *data mart* geralmente é focado em uma linha de negócios ou equipe e extrai informações de apenas uma fonte específica.

O conceito de *data mining* está vinculado às ferramentas de mineração de dados, que são baseadas em descrições lógicas, que criam padrões e associações de busca em determinado banco de dados. O conceito se baseia no aprendizado e na inteligência artificial que, através de técnicas, permitem a execução de tarefas relacionadas a(o):

- Generalização de regras e padrões de relacionamentos de dados, através de exemplos conhecidos.
- Detalhamento de uma estrutura e suas estruturas.

Para a aplicação das ferramentas de *data mining*, verifica-se a necessidade de tecnologias, como:

- Redes neurais.
- Árvores de decisão.
- Análises de séries temporais.
- Algoritmos genéticos.
- Aproximações híbridas.
- Lógica *fuzzy* (utiliza a ideia de que todas as coisas admitem – temperatura, altura, velocidade etc. – os graus de pertinências). Com isso, a Lógica Fuzzy tenta modelar o senso de palavras, tomada de decisão ou senso comum do ser humano, na qual os valores verdade das variáveis podem ser qualquer número real entre 0 que corresponde ao valor falso e 1 que correspondente ao valor verdadeiro, segundo a qual os valores lógicos podem ser apenas 0 ou 1.
- Ferramentas estatísticas convencionais.

Para a utilização de *data mining*, é necessária a utilização da tecnologia de *data warehouse* como um pré-requisito, a reunião dos dados, de forma orientada, considerando as áreas de interesse da organização, pois se pode ter um *data warehouse* de marketing, ou de operações produtivas, ou logística, e nesses bancos de dados específicos serão aplicadas as ferramentas de mineração de dados sobre as informações recebidas e filtradas das unidades operacionais, nas quais os padrões especificados serão associados, contando com as relações com efeitos conhecidos no passado. Conforme consta na próxima figura, pode-se verificar as relações entre as duas ferramentas, o *data warehouse* e o *data mining*.

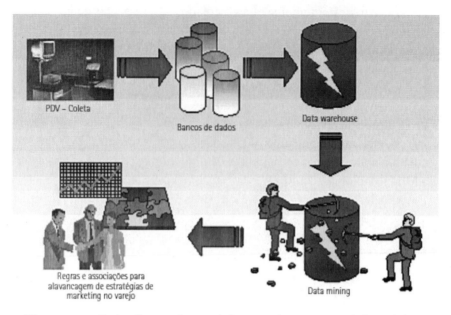

Figura 17 – Relações entre o data warehouse e o data mining
Adaptada de: Fleury (2014).

23.9. Data mining no setor varejista

Essas tecnologias são utilizadas no setor varejista, devido a muitas complexidades que abrangem as vendas, uma vez que a comercialização dos artigos está relacionada a vários fatores, tais como: propaganda, preço, tendências de moda, renda da população e nível de concorrência, além da influência de um produto na comercialização de outros produtos. Tais interações são complicadas e não se traduzem através de análises simples.

Neste ponto, as técnicas de mineração de dados se apresentam como resposta e opção de processamento de fenômenos complexos do mercado. Com os dados selecionados e designados no *data warehouse*, utilizam-se as ferramentas de *data mining* para a mineração e tratamento do banco de dados. Muitas organizações varejistas fazem uso dessas ferramentas, olhando para o aumento da sua competitividade. A seguir serão apresentadas as utilizações *leading edge*[60] do *data mining* de acordo com Fleury (2014), e, também, as organizações varejistas que são tidas como referências na utilização dessas formas.

- Análise de dados gerados pelos pontos de venda.
- Análise do efeito de promoções.

---

[60] *Leading edge*, significa em português, vanguarda.

- Análise de níveis de estoque e formas de reposição de produtos.
- Análise da relação entre reduções de preço e giro de produtos.
- Análise de negociação de preços com fornecedores.
- Análise de rentabilidade de produtos.
- Seleção de produtos para segmentação de mercado.

Existem duas categorizações de aplicações do *data mining*:
- Previsão de vendas.
- Alavancagem de estratégias de marketing.

23.10. Previsão de vendas

Para a aplicação na elaboração de uma previsão de vendas, faz-se necessária a elaboração de uma série temporal por meio da análise de dados passados. Entretanto, diante de dados e fenômenos, a serem examinados, que tenham uma maior dificuldade, torna-se muito difícil a tabulação manual dos dados. Diante dessa situação, os métodos estatísticos conhecidos passam a ser raros para realização das projeções. A fim de efetuar tais encargos, são necessários métodos flexíveis e adaptativos como as redes neurais ou árvores de indução[61].

Os algoritmos baseados em árvores de indução são utilizados por explorarem os dados regressivos das vendas para a elaboração de regras ao desenvolvimento das previsões de tendências e procedimentos futuros do mercado. O princípio é simples, mas a aplicação é complexa. Diante de toda a dificuldade dos dados a processar, depara-se com a rede neural, que consiste em uma conexão entre funções, que vai produzir uma função, deduzida das análises e relações, que minimiza um parâmetro definido. Pelos valores históricos conhecidos, cria-se uma representação, baseada em uma rede de funções. Visando um aprimoramento e otimização da utilização da árvore de indução e das redes neurais, serão utilizados e aplicados algoritmos genéticos de busca.

Para as decisões referentes a criação de estoques de produtos em regiões determinadas, manutenção de remessas constante de produtos, criação de pontos e ressuprimento de material de estoque ou redimensionamento das políticas de preço e de comercialização, bem como de promoção dos produtos e da marca, trabalha-se com decisões em prevenção e não corretivas/reativas, isto é, o foco é a redução do custo total logístico em um razoável nível de serviço. Esses programas levam à precisão e eficácia no processo

---

[61] Indução é o raciocínio que, após considerar um número suficiente de casos particulares, conclui uma verdade geral. A indução, ao contrário da dedução, parte da experiência sensível, dos dados particulares.

de projeções de séries temporais de diversos produtos, em concordância com que veremos na figura a seguir.

Consta na sequência o exemplo de elaboração da árvore de decisão, que através de um raciocínio de bifurcações desdobra as ideias, que seguem uma ordem hierárquica, com níveis equiparados a galhos, ramos, folhas e assim por diante.

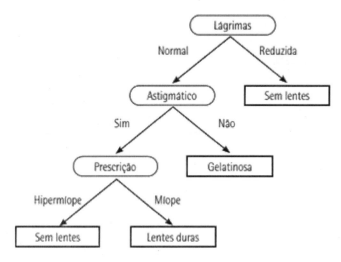

Figura 18 – Elaboração da árvore de decisão

Adaptada de: Witten e Frank (2000).

Existem duas abordagens para o entendimento do processo de indução de árvore de decisão, que acompanha a metodologia bem conhecida e denominada de *top down*[62]. Ela é muito usada para resolver problemas e desenvolver algoritmos de sistemas de informação. O conceito consiste em desdobrar o problema em partes menores, que compreendem componentes e partes menores do que se está analisando. Segue-se com essas decomposições até o entendimento completo da dificuldade ou do que se deve fazer, a partir da menor fração lógica do objeto analisado. No caso da árvore de decisão, o método é denominado de Top Down Induction of Decision Trees – TDIDT[63]. Segundo Baranauskas e Monard (2000a), o método de indução se inicia no conceito principal e de desdobra pelos filhotes. Essa abordagem é dividida em duas outras, que consistem em formatos para o desenvolvimento dos desdobramentos.

---

[62] *Top down* significa em português "de cima para baixo", ou ainda "do maior para o menor".

[63] Indução Top Down de Árvores de Decisão, em uma tradução livre, para o português.

A primeira subdivisão denomina-se de Depth-first[64], em que serão sequenciados os desdobramentos do galho, que surgiu da raiz, sempre aumentando as suas folhas, retornando ao mesmo galho e descobrindo novas folhas nesse galho, até esgotar as possibilidades; assim, retorna-se à ideia principal e se repete o mesmo processo com o segundo galho.

A segunda subdivisão denominada de Breadth-first[65] (por largura), em que serão sequenciados os desdobramentos da raiz no maior número de galhos possíveis, priorizando-se o aumento horizontal para depois focar em seus desdobramentos nas suas respectivas folhas.

As redes neurais consistem em estruturas de sistemas de informação computadorizados, que possuem uma configuração elaborada através de conexões interligados, interdependentes e integrados, cujo funcionamento se baseia e imita o padrão cerebral de raciocínio e pensamento.

Identificam padrões ocultos e estabelecem correlações, ao processar dados em grandes volumes e fontes diversificadas, resultando no seu agrupamento, tratamento, classificação e comparação. As redes neurais são artificialmente inteligentes e a cada processamento aprendem mais e continuamente agregam novos padrões comparativos.

As camadas da rede neural apresentadas são as classificações usuais nas três categorias:

Quadro 8 – Classificações nas três categorias

Camadas das redes	Características
Camada de entrada	Inserção dos padrões a serem considerados pela rede neural
Camada intermediária	Nesta camada ocorrem os processamentos distribuídos entre as conexões neurais ponderadas da rede. Elas são denominadas de extratoras de características
Camada de saída	Camada responsável por apresentar os resultados de acordo com os processamentos realizados

---

[64] Depth-first, na teoria dos grafos, busca em profundidade (ou busca em profundidade-primeiro, também conhecido em inglês por Depth-First Search – DFS) é um algoritmo usado para realizar uma busca ou travessia numa árvore, estrutura de árvore ou grafo.

[65] Breadth-First, na teoria dos grafos, busca em largura (ou busca em amplitude, também conhecido em inglês por Breadth-First Search – BFS) é um algoritmo de busca em grafos utilizado para realizar uma busca ou travessia num grafo e estrutura de dados do tipo árvore.

A rede neural é uma estrutura para o desenvolvimento de inteligência, logo, ela é classificada e caracterizada pela sua topologia[66], ou seja, configuração, forma e funcionamento, de acordo com os seus nós ou conexões, suas regras de treinamento e aprendizado.

23.11. Otimização de estratégias de marketing

O CRM – *Customer Relationship Management* [67], consiste em uma ferramenta de informações, baseada no conceito de Marketing *One to One*[68]. Essa ideia visa transformar o consumidor de massa atual no consumidor do armazém da pequena vila, na qual o proprietário estabelecia uma relação, um a um, com os seus consumidores. O proprietário do armazém sabia as necessidades de cada um dos grupos que compareciam à loja, simultaneamente em que planejava e armazenava o seu estoque de mercadorias, de acordo com as faltas existentes. No transcorrer do relacionamento dos consumidores, ele adicionava mercadorias ao seu estoque, ou eliminava, conforme a demanda, superior ou inferior, pelos itens.

As soluções de CRM – *Customer Relationship Management* são aplicáveis aos diversos portes de organizações, bem como aos vários setores de negócios.

Os sistemas de CRM – *Customer Relationship Management* mantêm um banco de dados com informações sobre os consumidores atuais e potenciais, são informações que possibilitam conhecer a descrição e as transações realizadas, bem como as possibilidades de cada consumidor. O processo compreende a administração desses dados e informações na intenção de ampliar a fidelidade dos consumidores, dimensionar os estoques, de acordo com a demanda, assim como elaborar um prognóstico de vendas mais precisa.

A descrição dos consumidores permite a categorização dos clientes atuais ou potenciais, facilitando as atuações de marketing, direcionando ações mais específicas para clientes mais lucrativos, clientes mais assíduos em compras, grupos de consumidores carentes de um direcionamento etc.

A ferramenta de CRM é uma excelente fonte de dados e informações, para compor o banco de dados de marketing e de consumidores, o que forma o *data warehouse* e a aplicação da ferramenta *data mining*, na busca e formação de inteligência, no tratamento desses dados e informações.

---

[66] Ramo da matemática que estuda certas propriedades das figuras geométricas. Entre essas propriedades estão aquelas que não variam quando as figuras são deformadas.

[67] Customer Relationship Management – CRM, em português significa Gestão do Relacionamento com os Clientes.

[68] Marketing One to One (que em português significa um a um).

A elaboração das estratégias de marketing finaliza-se no prognóstico de vendas, que representa uma esperança de resultados de vendas de produtos ou serviços da empresa, diante das condições do mercado.

Para se conferir essas condições, tornam-se necessárias as apurações de diversas variáveis, através de dados e informações de várias ordens e fontes, de impressões sobre as tendências e cenários futuros e na elaboração de modelos de negócios, considerando-se todo o escopo de conhecimentos disponíveis.

A utilização de *data mining* possibilita a otimização, aumentando a capacidade de examinar todas as possibilidades, ampliando as habilidades dos administradores para preparar as previsões de vendas da empresa.

A aplicação dos instrumentos de *data mining* resultará em cinco tipos de aplicações principais, como segue:

- Mala direta: envio de correspondência em campanhas caras, mas restringindo-se às variações e ao universo do público-alvo, mediante a categorização da enorme gama de clientes, distribuindo-os em subconjuntos de clientes potenciais, procedimento simplificado e melhorado pela aplicação de árvores de indução e redes neurais.

- Segmentação de mercado: necessidade de verificação de características e padrões de segmentos e nichos de mercado. Através dessa diferenciação e identificação das divisões existentes, com as mesmas peculiaridades, pode-se fazer estratégias de marketing diferenciadas para cada uma das divisões. Aqui serão determinadas diferentes formas de promoção dos produtos/serviços, os preços e formas de negociação, estabelecimento de mix de produtos e formas de comercialização, sempre levando em conta os desejos e expectativas dos clientes segmentados. Na administração de operações logísticas, a importância maior está na determinação dos diferentes níveis de serviços aos clientes, de acordo com o seu segmento, dirigindo de forma mais lógica os recursos, de acordo com as características de cada região e localidade.

- Perfis de consumidores: quando padrões de consumo são identificados podemos utilizar a direção de promoções de venda e o planejamento da disposição de produtos, nas gôndolas, prateleiras e araras, nos pontos de venda. Como, por exemplo, temos a distribuição e proximidade entre produtos no *layout*[69] da loja. Os tipos de consumidores têm níveis diferentes de exigência e disponibilidades

---

[69] O layout é uma estratégia que tem como objetivo ampliar a qualidade e eficiência de um processo produtivo. Via de regra, ele está intimamente relacionado à maneira como máquinas, equipamentos e pessoas são distribuídas em um espaço físico.

específicas para pagamentos de preços mais dispendiosos, por produtos melhores, que estejam sendo oferecidos.

- Análises de sensibilidade: relação entre uma mudança em uma variável e o sua repercussão em outra variável. Pode-se demonstrar através do exame dos feitos do aumento e diminuição do preço, na quantidade demandada de um item, ou seja, a flexibilidade da demanda, desse produto. Esses exames se tornam difíceis para se determinar as diversas variações e seus efeitos em outros fatores caso haja a necessidade de análise de muitos dados históricos e variáveis, conjuntamente. Para se apurar os níveis de sentimentos à mudança, entre os diversos aspectos, com base nos fatores conhecidos, pode-se prever o choque das mudanças no mercado e proceder uma série de análises e projeções no mercado.

- Administração das categorias de produtos: os complexos exames de mix de produtos nas lojas, considerando-se o *layout* da instalação, distribuição dos produtos pelas gôndolas, estantes, expositores e araras, além dos lucros reais, em vendas, de cada ligação experimentada, consiste na administração de categorias de produtos. Deve-se combinar os exames de resultados para primeiro limitar quais os produtos ou categorias de produtos serão distribuídos em cada uma das lojas, observando-se a sua localização e as características da sua demanda. Após, a arrumação de todos os produtos na loja, de forma a conseguir o melhor nível de serviço ao cliente, pelo oferecimento e comercialização dos produtos ou serviços.

23.12. Código de barras e RFID

O código de barras surgiu em 1974, nos EUA, através da codificação *universal product code (UPC)*[70], e conseguiu espaço na Europa em 1977, com outro tipo de codificação, o *EAN – European Article Number Association*[71], que a partir de 1981 adquiriu abrangência internacional.

---

[70] O UPC é um tipo de código impresso na embalagem do produto de varejo para ajudar na identificação de um item específico. Ele consiste em duas partes – o código de barras legível por máquina, que é uma série de barras pretas exclusivas, e o número exclusivo de 12 dígitos abaixo dele.

[71] A sigla EAN significa European Article Number. Em português: Número de Artigo Europeu. O código é formado por uma série de barras verticais escaneáveis e uma sequência numérica. Ele foi criado por uma empresa americana e, no início, possuía apenas 12 dígitos.

Em 1984, a codificação EAN passa a ser apontada como oficial no Brasil pela Associação Brasileira de Automação Comercial e pela Administração Nacional de Produtos.

O código de barras assume um relevante papel na automação da entrada de dados para o registro e monitoração de produtos e embalagens durante o armazenamento, movimentação, transporte, carga e descarga.

Refere-se de um código gravado em informações registradas em diversos materiais com cores contrastantes, possibilitando uma resolução gráfica que permite a leitura óptica. O uso do código de barras é muito prática e barata, com benefícios inúmeros para a logística e controle de produtos e cargas.

Ele consiste em representações gráficas, com dígitos alfanuméricos, representados por barras paralelas com espessuras e tonalidades diversas, intercaladas por faixas brancas, cuja combinação representa a combinação numérica do código do item, como mostrado na próxima figura:

Figura 19 – Código de barras
Disponível em: https://upload.wikimedia.org/wikipedia/commons/0/04/QR-code-obituary.svg.
Acesso em: 7 mar. 2022

O código é composto de margens iniciais e finais, com delimitação de início e fim, demarcadas por caracteres especiais, finalizado por um dígito verificador.

A leitura acontece por meio de um dispositivo óptico decodificado por um tradutor binário que interpreta as informações, com base nas variações binárias que contêm apenas os dígitos 0 e 1, conforme exemplo apresentado na próxima figura.

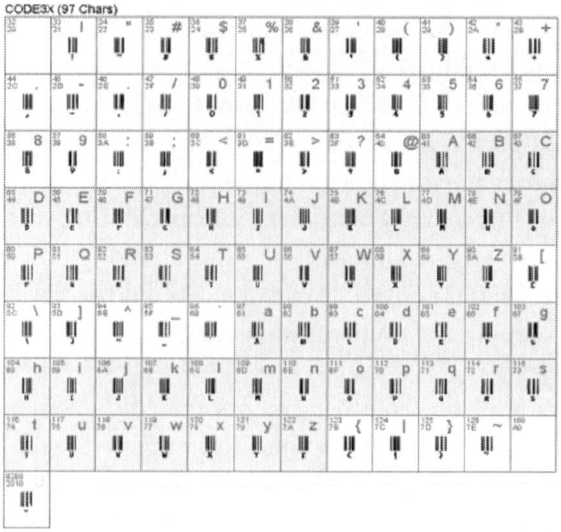

Figura 20 – Tradutor binário que interpreta as informações

Fonte: Código de Barras, disponível em https://edisciplinas.usp.br/pluginfile.php/5093871/mod_re-source/content/4/Slides%20C%C3%B3digo%20de%20Barras.pdf. Acesso em 08.Mar.2022.

Existem diversos tipos de códigos de barras, submetendo-se a aplicação, país de origem e metodologia adotada. A título de exemplificação, pode se apresentar algumas características do código EAN, que é o código oficial em uso no Brasil.

O código EAN mantém duas variações principais:

- EAN-13 (utiliza 13 algarismos), de uso geral.
- EAN-8, utilizado em espaços reduzidos e em embalagens.

Ao ser codificado, as três primeiras posições do código correspondem à identificação do país. Por exemplo, o Brasil tem o código 789. Seguindo-se os próximos cinco dígitos, identificam as empresas, seguidos dos demais dígitos que identificarão os produtos a serem controlados.

O dígito verificador virá por último, na sequência numérica.

Os dígitos são representados por duas barras e um espaço em branco, sendo que as variações de representação escura correspondem a 1 e as claras a 0.

Na evolução do código de barras, surge o código de barras em 2D, duas dimensões, criado em 1994 na Toyota Motors. Ele ganhou repercussão internacional com as grandes lojas de varejo Macy's e Best Buy, em 2011, que começaram a implantá-lo em suas lojas. *QR code* vem do acrônimo *Quick Response*[72], que além das funções tradicionais do código

---

[72] O *QR code* ou código QR, é a sigla de "Quick Response" que significa resposta rápida. *QR code* é um código de barras, que foi criado em 1994, e possui esse nome, pois dá a capacidade de ser interpretado rapidamente pelas pessoas.

de barras unidimensional, como identificação do produto ou mercadoria e conexão sistêmica com o estoque, tabela de preços e posicionamento de movimentação, pode ter um uso mais estratégico e interconectar o usuário à rede WiFi da Loja, ou oferecer um cupom de promoção, ou conectar o usuário a um site ou página de cadastro de clientes, bem como ser usado na arrecadação de doações.

Hoje é muito utilizado para diversas funções de identificação de produtos, pagamentos na rede bancária, viabilizando a utilização de dispositivos móveis pelos clientes. O código bidimensional é transformado em um texto interativo, que pode ser um endereço de URL[73] (*link* de acesso a *sites* e *homepages* da internet), número de celular ou telefone fixo, o código de uma localização georreferenciada, um endereço de e-mail, ou mesmo um código de contato em SMS[74].

Em 2019, já chegava a 17% o número de transações de pessoas físicas que utilizavam da tecnologia *QR code* para fazer os pagamentos em operações comerciais.

A próxima figura demonstra o *QR code*.

Figura 21 – QR code

Disponível em: https://upload.wikimedia.org/wikipedia/commons/0/04/QR-code-obituary.svg.
Acesso em: 7 mar. 2022.

Outra evolução do velho código de barras é o identificador por radiofrequência, ou RFID – Radio Frequency Identification[75]. Refere-se a uma

---

[73] A URL é o endereço eletrônico que permite que o seu site ou blog seja encontrado na rede. A sigla URL significa: Uniform Resource Locator, e pode ser traduzida para o português como Localizador Uniforme de Recursos.

[74] SMS é a sigla de Short Message Service, que em português significa Serviço de Mensagens Curtas. SMS é um serviço muito utilizado para o envio de mensagens de texto curtos, através de telefones celulares.

[75] A tecnologia de RFID (radio frequency identification – identificação por radiofrequência) é um termo genérico para as tecnologias que utilizam a frequência de rádio para captura de dados.

tecnologia que se apoia na leitura de um *chip* que armazena informações como código de identificação de produtos, que serão associados a registros em um banco de dados. Além do *chip*, o dispositivo tem uma antena para a transmissão de informações por radiofrequência.

Por ondas de rádio o *chip* passa as informações, captadas por antenas receptoras, que possibilitam a recepção e o processamento dos códigos. A diferença da tecnologia está na velocidade de decodificação das informações que será feita à distância e sem a necessidade da leitura óptica de um código de barras ou mesmo da leitura eletrônica, por contato, com o *chip*.

A solução se baseia na utilização do *EPC – Electronic Product Code*[76], que serve para reconhecer um produto ou item, em uma cadeia de suprimentos, mas pode mostrar, também, número global do item, que consta em um código de barras, o chassi ou placa de um carro, que fará a identificação de um registro em um banco de dados, a ser realizado por um sistema de informação, de acordo com a utilização do resultado. O EPC será gravado em uma TagRFID e será transmitido por uma antena. A etiqueta inteligente, conhecidas como *Smart Tag*[77], pode ser utilizada colada em um produto, animal ou mesmo uma pessoa, que será identificada mediante sinal transmitido por rádio.

Existem dois tipos de etiquetas inteligentes, a ativa e a passiva. A passiva mantém gravada a informação específica a partir de sua fabricação e a transmite via antena. Já a ativa é mais avançada e dispendiosa, pois conta com uma bateria, seu sinal alcança distâncias maiores e possui memória RAM[78], com maior capacidade.

As figuras a seguir apresentam exemplos de etiquetas inteligentes e o seu *chip*.

---

[76] O Código Eletrônico de Produto (EPC) é projetado como um identificador universal (usando um código numérico idiossincrático para cada mercadoria diferente) que fornece uma identidade única para cada objeto físico em qualquer lugar do mundo, para sempre.

[77] Smart Tags são acessórios eletrônicos que permitem aos usuários descobrir a localização exata de objetos próximos. Geralmente, elas funcionam através de tecnologias de conectividade, principalmente, Bluetooth que consome pouca energia.

[78] A memória RAM é um dos componentes de hardware mais importantes em qualquer computador, pois ela trabalha junto ao processador para transportar dados e informações dos programas instalados no PC. Todavia, esse tipo de tecnologia não armazena arquivos permanentemente.

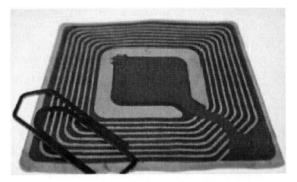

Figura 22 – Etiquetas inteligentes
Fonte: Ciriaco (2009).

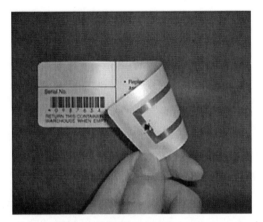

Figura 23 – Etiqueta para roupas, com controle de radiofrequência
Fonte: Etiquetas... (2011).

As aplicações das soluções RFID abrangem uma gama enorme de utilizações práticas:

- **Pagamento via celular**: utilizando a tecnologia Mobile[79], via aparelho celular, o banco receberá por transmissão de RFID a identificação do usuário, a transação comercial e o beneficiário e efetuará as devidas transferências bancárias do pagamento.

---

[79] Mobile é basicamente um catálogo secundário, com infraestrutura independente, mas totalmente integrado à sua loja virtual, feita apenas para se adaptar à tela de *smartphones*, criada de fato pensando nas telas destes dispositivos e em como as pessoas costumam de interagir com seu telefone celular.

- **Pagamento efetuado em trânsito**: com segurança o pagamento de pedágios, estacionamentos e postos de gasolina pode ser realizado sem a paralisação do movimento do veículo.
- **Controle de estoques de produtos e mercadorias**: o comando de entrada e saída de itens em estoques, no armazém ou em qualquer estabelecimento, pode ser concluído imediatamente, livrando o trabalho da realização de inventários físicos periódicos.
- **Código de barras**: a antena pode registrar as compras identificadas, sem desvios no carrinho, pela informação contida na etiqueta inteligente, em substituição ao código de barras, que exigiria a leitura óptica de produto por produto, etiqueta a etiqueta.
- **Rastreabilidade de cargas**: a localização em tempo real da carga, produto a produto ou no coletivo, os caminhões ou *containers*[80], permite a rastreabilidade no transporte de carga e aumenta a segurança contra furtos e roubos.
- **Rastreabilidade de animais**: os animais de estimação, bem como os animais silvestres, podem ser monitorados para estudos e informações de seus costumes e atitudes de sua população e controle de espécies em risco de extinção.
- **Esportes**: etiquetas inteligentes permitem o controle eletrônico de deslocamentos, velocidade, limites, contagem de voltas, distâncias e alturas, alcançados pelos veículos e atletas, durante as competições e treinos.
- **Biometria em documentações**: a RFID permite a bioidentificação das pessoas e a unificação de documentos. O procedimento aumenta a segurança na identificação, além de acrescentar características pessoais na identificação: impressões digitais, características físicas, número e dados de diversos documentos e situações civis.

23.13. E-procurement

O *e-procurement*[81] representa uma plataforma, conjunto de hardwares e softwares, usada para favorecer a compra e venda de produtos e serviços em ambientes da rede eletrônica ou da internet.

---

[80] *Container* (também contêiner ou contentor) é um equipamento utilizado para transportar carga. Recipiente de metal ou madeira, geralmente de grandes dimensões, destinado ao acondicionamento e transporte de carga em navios, trens etc. É também conhecido como cofre de carga, pois é dotado de dispositivos de segurança previstos por legislações nacionais e por convenções internacionais.

[81] *e-procurement* origina-se do termo em inglês *electronic procurement*, que em tradução livre para o português, significa compras eletrônicas.

Existem sites de *e-procurement* que admitem o cadastramento de provedores e consumidores de muitos produtos e serviços, que vão negociar a compra/venda de diversos produtos, muitas vezes, de difícil localização. Através dele pode-se organizar uma concorrência entre provedores e se oferecer vantagens licitatórias para as empresas provedoras, em termos de qualidade, prazos e preços.

Os softwares de *e-procurement* proporcionam facilidades estratégicas para o processo de compras, de forma eletrônica, ajudando em todas as fases do processo, desde a licitação, até o pagamento e transferência do pedido, agilizando os processos de fornecimentos, através da integração de dados entre todas as áreas implicadas no processo. Essa administração, torna mais ágeis as contratações de serviços e aquisições de produtos, pela automação dos fluxos de negociações. Entre os módulos postos à disposição nas soluções informatizadas de *e-procurement*, encontram-se:

- requisição;
- cotação;
- catálogo;
- leilões;
- pedido de compras;
- gestão de contratos;
- reposição de estoques;
- recebimento;
- pagamento;
- *follow-up* de transações.

Essas são as funções mais funcionais, havendo a oportunidade de uma abrangência mais estratégica, através de serviços que permitem a administração da relação com os provedores atuais e potenciais, bem como o apoio a decisões para a prospecção de novas carteiras de consumidores.

Os softwares de *e-procurement* se dividem em: ERP; E-sourcing; e E-informing.

O ERP, já vimos anteriormente. O *e-sourcing*[82] consiste em uma solução informatizada que permite a realização de uma cotação pública, também chamada de leilão reverso, pela internet e utilização de todos os seus recursos eletrônicos para identificar, qualificar e estabelecer relações com novos provedores de produtos e serviços. Pretende-se que as compras ou contratações de serviços sejam as mais qualificadas em função do acesso

---

[82] O *e-sourcing* é um método comum na área de suprimentos que permite à empresa analisar o orçamento total do valor a ser gasto com determinados produtos ou serviços. O processo é composto pelo mapeamento, entendimento e avaliação das características dos materiais, dos serviços e do mercado fornecedor.

a centenas de ofertas, de forma a poder selecionar sempre as mais interessantes para a companhia.

Já o *e-informing*[83] é a permissão da troca de comunicações entre os consumidores de diversos produtos e serviços e as empresas provedoras, interessadas em oferecer os seus produtos, das formas mais interessantes. Essas soluções são suportadas pelo banco de dados, com os recursos eletrônicos de contato, como os e-mails, *sites*, *links* de ofertas, cupons de descontos promocionais, entre outros.

Existem três principais benefícios obtidos pelos usuários das soluções *e-procurement*:

- Redução de custos: com a parametrização das avaliações e qualificações de provedores e propostas pelo sistema, a decisão de compra é muito facilitada, ágil e menos dispendiosa.
- Aumento da concorrência entre fornecedores: a solução eletrônica cria um banco de dados de provedores\consumidores, comparando imediatamente a qualidade, preço e demais condições de negociação, além de avaliar o histórico e reputação no fornecimento de produtos.
- Economia de tempo: compreende as vantagens de acesso a dados estatísticos, que apontam as melhores opções para cada transação, além de permitir uma gestão automatizada das ordens de compras com muito mais segurança e rapidez.

---

[83] O *e-informing*, é um tipo de sistema sendo uma variante mais simples do *e-procurement*, servindo basicamente como um banco de dados de provedores. Neles, o departamento de compras pode obter dados iniciais e utilizar ferramentas externas, como e-mail e telefone, para conduzir o restante da negociação.

REFERÊNCIAS

BARANAUSKAS, J. A.; MONARD, M. C. An unified overview of six supervised symbolic machine learning inducers. São Carlos: USP, 2000b.

BLOG LOGÍSTICA, Antoine-Henri Jomini, barão da guerra e da Logística, disponível em https://bloglogistica.com.br/mercado/antoine-henri-jomini-barao--da-guerra-e-da-logistica/. Acesso em 30.mar.2022.

BOWERSOX, D. J. The strategic benefits of logistics alliances. Harvard Business Review, p. 36-45, Jul./Aug. 1990.

BOWERSOX, D. J.; CALANTONE, R. J.; RODRIGUES, A. M. Estimation of global logistics expenditures using neural networks. Journal of Business Logistics, v. 24, n. 2, 2003.

BOWERSOX, D. J.; CLOSS, D. J. Logistical management: the integrated supply chain process. Singapore: McGraw-Hill, 1996.

BOWERSOX, D. J.; CLOSS, D. J. Logística empresarial: um guia prático de operações logísticas. 2. ed. São Paulo: Atlas, 2018.

BOWERSOX, D. J.; CLOSS, D. J.; COOPER, M. B. Gestão logística de cadeias de suprimentos. Porto Alegre: Bookman, 2006.

BOWERSOX, D. J. et al. Gestão logística da cadeia de suprimentos. 4. ed. São Paulo: Bookman, 2014.

CIRIACO, D. Como funciona a RFID? Tech Mundo, 17 ago. 2009. Disponível em: https://www.tecmundo.com.br/tendencias/2601-como-funciona-a-rfid-.htm. Acesso em: 8 mar. 2022.

COBLI. O que é WMS? Para o que serve um software WMS? Disponível em https://www.cobli.co/blog/o-que-e-wms/. Acesso em 02.Fev.2022.

COBLI. Como funciona um rastreamento veicular? Disponível em https://www.cobli.co/conteudo/rastreador-veicular/. Acesso em 02.Fev.2022.

COBLI. Devo escolher rastreador via satélite (GPS) ou via radiofrequência? Disponível em https://www.cobli.co/blog/devo-escolher-rastreador-via-satelite-gps--ou-via-radiofrequencia//. Acesso em 02.Fev.2022.

CÓDIGO DE BARRAS. Código de Barras, [s.d.]. Disponível em: https://edisciplinas.usp.br/pluginfile.php/5093871/mod_resource/content/4/Slides%20C%-C3%B3digo%20de%20Barras.pdf. Acesso em: 8 mar. 2022.

CONSULTING HOUSE, A importância dos indicadores de desempenho para uma empresa, disponível em http://www.consultinghouse.com.br/indicadores--de-desempenho/. Acesso em 04.Fev.2022.

COUNCIL OF SUPPLY CHAIN MANAGEMENT PROFESSIONALS (CSC-MP), CSCMP's Definition of Supply Chain Management, disponível em https://cscmp.org/CSCMP/Educate/SCM_Definitions_and_Glossary_of_Terms.aspx. Acesso em 29.mar.2022.

DAVID, P. A. Logística internacional: gestão de operações de comércio internacional. São Paulo: Cengage Learning, 2018.

DICIONÁRIO DE SIGNIFICADOS, Logística, disponível em https://www.significados.com.br/logistica/. Acesso em 24.Jan.2022.

DICIONÁRIO DE SIGNIFICADOS, Gestão, disponível em https://www.significados.com.br/gestao/. Acesso em 24.Jan.2022.

DICIONÁRIO FINANCEIRO, O que é a Paridade do Poder de Compra e como calcular, disponível em https://www.dicionariofinanceiro.com/paridade-poder--compra/. Acesso em 05.Fev.2022.

DICIONÁRIO FINANCEIRO, Índice Big Mac, disponível em https://www.dicionariofinanceiro.com/big-mac-index/. Acesso em 24.jan.2022.

DICIONÁRIO ONLINE DE PORTUGUÊS, Suprimento, disponível em https://www.dicio.com.br/suprimento/. Acesso em 24.Jan.2022.

ENDEAVOR BRASIL, Poka Yoke: como ter uma empresa à prova de erros, disponível em https://endeavor.org.br/estrategia-e-gestao/poka-yoke/. Acesso em 05.Fev.2022.

G1, Etiquetas inteligentes chegam ao mundo da moda, de 07.jan.2011. Disponível em: https://g1.globo.com/tecnologia/noticia/2011/01/etiquetas-inteligentes-chegam-ao-mundo-da-moda.html. Acesso em: 8 mar. 2022.

FLEURY, P. F. Logística empresarial: a perspectiva brasileira. São Paulo: Atlas, 2014.

FRETE RÁPIDO DESENVOLVIMENTO DE TECNOLOGIA LOGÍSTICA S/A, 10 Métricas e KPIs logísticos importantes no e-commerce, disponível em https://

freterapido.com/blog/10-metricas-e-kpis-logisticos-importantes-no-e-commerce/. Acesso em 30.mar.2022.

HIJJAR, M. F. Segmentação de mercado para diferenciação dos serviços logísticos. ILOS, 10 fev. 2000. Disponível em: https://www.ilos.com.br/web/segmentacao-de--mercado-para-diferenciacao-dos-servicos-logisticos/. Acesso em: 8 mar. 2022.

NEGRI, A.; HARDT, M. Império. 1ª ed. Rio de Janeiro: Record, 2001.

NOGUEIRA, A. S. Logística empresarial: um guia prático de operações logísticas. São Paulo: Atlas, 2018.

NOVAES, A. Logística e gerenciamento da cadeia de distribuição. Rio de Janeiro: Elsevier, 2015.

O'NEILL Jim. Building Better Global Economic BRICs, disponível em https://www.goldmansachs.com/insights/archive/archive-pdfs/build-better-brics.pdf. Acesso em 29.mar.2022.

PONTES, H. L. J.; ALBERTIN, M. R. Logística e distribuição física. Curitiba: InterSaberes, 2014.

PROFISSIONAL DE E-COMMERCE, O desafio da logística para lojas virtuais, disponível em https://www.profissionaldeecommerce.com.br/logistica-para-lojas-virtuais/. Acesso em 30.mar.2022.

SLACK, N.; CHAMBERS, S.; JOHNSTON, R. Administração da produção. 2. ed. São Paulo: Atlas, 2002.

SHINGO, SHIGEO. O sistema de Troca Rápidas de Ferramentas. Porto Alegre: Bookman Editora, 2000.

SOBRAL, F.; PECI; A.; Administração: teoria e prática no contexto brasileiro. 2. ed. São Paulo: Pearson Education do Brasil, 2013.

STANTON, Daniel. Gestão da cadeia de suprimentos para leigos. 1ª Ed. Rio de Janeiro: Alta Books, 2019.

TOTVS, Indicadores de desempenho logístico: Qual a importância?, disponível em https://www.totvs.com/blog/gestao-logistica/indicadores-de-desempenho-logistico/. Acesso em 30.mar.2022.

TOTVS, Logística e gerenciamento da cadeia de suprimentos: guia completo, disponível em https://www.totvs.com/blog/gestao-industrial/logistica-e-gerenciamento-da-cadeia-de-suprimentos/. Acesso em 30.mar.2022.

TRIPLA, O que é gestão: entendendo esse importante conceito nas empresas, disponível em https://tripla.com.br/o-que-e-gestao/. Acesso em 05.Fev.2022.

TW TRANSPORTES, Desempenho de Logística: 4 Métricas-Chave para você medir a qualidade de entrega de seus produtos, disponível em https://www.tw-transportes.com.br/desempenho-de-logistica-4-metricas-chave-para-voce-medir-a-qualidade-de-entrega-de-seus-produtos/. Acesso em 05.Fev.2022.

VHSYS, 7 Dicas para melhorar a logística das entregas da sua empresa, disponível em https://blog.vhsys.com.br/dicas-de-logistica-nas-entregas/. Acesso em 30.mar.2022.

VITORINO, C. M. Logística: bibliografia universitária Pearson. São Paulo: Pearson Prentice Hall, 2012.